運動生理学

編集　越中敬一

JN122911

Exercise physiology

執筆者一覧

編 者

こしなかけいいち
越中敬一／新潟医療福祉大学

執筆者（掲載順）

こしなかけいいち
越中敬一／前出 ……………………………………… 第1章・第2章・第3章・第5章

たかはしひでゆき
髙橋英幸／筑波大学 ……………………………………………… 第1章コラム

さとうあきこ
佐藤晶子／新潟医療福祉大学 …………………………………………… 第4章

さわのちはる
澤野千春／株式会社ワコール女子陸上競技部スパークエンジェルス

……………………………………………………………………… 第4章コラム

たかはしひであき
髙橋英明／新潟医療福祉大学 …………………………………………… 第6章

たまきひろゆき
田巻弘之／鹿屋体育大学 ………………………………………… 第6章コラム

ふじもととともみ
藤本知臣／新潟医療福祉大学 …………………………… 第7章・第8章・第9章

どばしこうへい
土橋康平／北海道教育大学 ……………………………………… 第7章コラム

やましろこうや
山代幸哉／新潟医療福祉大学 ……………………………………… 第10章・第11章

きだてつお
木田哲夫／愛知県医療療育総合センター発達障害研究所…… 第10章コラム

おちげんた
越智元太／新潟医療福祉大学 …………………………………… 第12章・第13章

かわたゆうき
川田裕樹／國學院大學………………………………………………… 第12章コラム

はじめに

　東京オリンピック・パラリンピックは昨年閉会を迎えましたが、現代社会において
スポーツが担う役割はますます高まっており、ゴールテープを切ることなく進み続け
ております。これまで走り続けてきたランナーも、これから靴紐を結ぶランナーも、
特に抑圧されたコロナ禍においては運動生理学に関連した書籍を求めた方も多いので
はないでしょうか。

　運動生理学は生理学や医学のほか、生物学・生化学を学術的な背景として発展した
学問であり、その意味でとらえれば中学・高校でも一部を学んできたと考えることが
できます。また、部活動などで実践的に学んできた部分も多いかと思います。しかし、
それでも全体像をとらえきれない運動生理学の奥の深さは専門書の中で鮮やかに表現
されてきました。運動生理学の素晴らしい専門書はすでに多数存在しています。私も
それらによって多くを学んできており、現在においてもそれら良書を読むことによる
新たな気づきも少なくありません。しかしながら、大学教育に携わっている中で、入
門編とされる運動生理学の書籍においてもその内容は解釈の難しい概念も多く、学生
が内容の消化不良を起こしている現状を感じておりました。

　この度、各研究分野でご活躍しておられる先生方に執筆をお引き受けいただきまし
て、本書を上梓するに至りました。目指したところは"可能な限りのわかりやすさ"
です。並列的な関係にある語句群においてもすべてを単純列挙するのではなく、それ
ぞれの重要性を鑑み、重要なほうから適切な量の情報を整えて"食べきれる"小気味
のよいメニューを用意いたしました。また、平易な説明によって、必ずしも生理学領
域の知識的背景がなくても理解できる、"消化のよさ"も提供いたします。本書は、
競技のためのスポーツや健康のためのスポーツを行う方々、また、それらを指導する
方々など、特にこれから運動生理学を一から学び始める方々の入門書として、皆様に
ご一読いただけますと幸いでございます。

　最後に、本書の出版に関しまして、多大なご尽力とご配慮をいただきました株式会
社みらいの編集部諸氏に心より感謝を申し上げます。

2022 年 12 月

編者　越中敬一

もくじ

はじめに

第 1 章　骨格筋の筋収縮と運動能力

1　骨格筋の基本構造と筋収縮のしくみ ……………………………………11
　　1　筋肉の種類 ……………………………………………………………11
　　2　骨格筋の構造 …………………………………………………………12
　　3　筋線維の内側の構造 …………………………………………………13
　　4　筋原線維 ………………………………………………………………14

2　筋線維の種類と運動能力 …………………………………………………15
　　1　筋線維の種類 …………………………………………………………15
　　2　筋線維組成とスポーツ種目 …………………………………………16
　　3　筋線維組成とトレーニング …………………………………………18
　　4　筋線維の肥大 …………………………………………………………18
　　5　筋肥大や筋損傷を修復する際の作用機序 …………………………19
　　column 骨格筋を可視化して定量する ……………………………………21

第 2 章　エネルギー代謝

1　エネルギー源の貯蔵とエネルギー代謝の流れ …………………………23
　　1　エネルギー代謝とは …………………………………………………23
　　2　エネルギー源の貯蔵 …………………………………………………24
　　3　骨格筋への糖質の供給 ………………………………………………25
　　4　骨格筋への脂質の供給 ………………………………………………26

2　ATP の消費と再合成のための経路 ………………………………………27
　　1　生命活動の直接のエネルギー源：ATP ……………………………27
　　2　ATP の貯蔵量と再合成 ………………………………………………28
　　3　ATP 再合成のためのエネルギー ……………………………………28

3　エネルギー源の利用割合の変化 …………………………………………32
　　1　有酸素運動と無酸素運動 ……………………………………………32
　　2　運動による糖質と脂質の利用割合 …………………………………33
　　3　乳酸の産生 ……………………………………………………………34
　　4　エネルギー源としての蛋白質 ………………………………………36

4　エネルギー代謝と疲労 ……………………………………………………37
　　1　持久運動 ………………………………………………………………37
　　2　全力運動 ………………………………………………………………38

5 エネルギー代謝とトレーニング ···40
   1 エネルギー貯蔵量とトレーニング ·····························40
   2 エネルギー基質の利用とトレーニング ·····················40
   3 骨格筋への酸素や栄養素の供給に与えるトレーニングの影響 ·····41
   4 ミトコンドリアとトレーニング ·····························42

第3章　運動と栄養

1 食べること・生きること ···45
   1 栄養と栄養素 ···45
   2 食物の確保と身体の進化 ·····································45

2 糖質 ··46
   1 糖質（概要） ···46
   2 血糖値の維持と運動 ···47
   3 糖質の種類と筋グリコーゲンの回復速度 ···················48
   4 糖質を摂取するタイミングと筋グリコーゲンの回復速度 ·····49
   5 筋グリコーゲンを食事のみで増やす方法 ···················49

3 脂質 ··50
   1 脂質（概要） ···50
   2 脂肪酸の種類 ···51
   3 ファットアダプテーション ···································51

4 蛋白質 ··52
   1 蛋白質（概要） ···52
   2 蛋白質の質 ···53
   3 蛋白質の摂取量 ···54
   4 蛋白質を摂取するタイミング ·································54

5 ビタミンとミネラル ···55
   1 ビタミンとミネラル（概要） ·································55
   2 ビタミンと運動 ···56
   3 ミネラルと運動 ···57

第4章　エネルギー消費量、身体組成と食事の実際

1 消費エネルギー ···61
   1 エネルギーを推定する ···61
   2 エネルギー消費量を測定する ···································63

2 体重と身体組成 ···66
   1 体重 ··66
   2 身体組成 ···67

3 アスリートの食事 ··· 70
　1 基本の食事 ··· 70
　2 試合期の食事 ··· 73
　3 オフ期の食事 ··· 75
　column スポーツ現場での栄養補給の考え方 ····································· 77

第5章　運動とホルモン

1 ホルモンの種類と内分泌腺 ··· 79
　1 ホルモンとは ··· 79
　2 作用の調節 ··· 79
　3 ホルモンの種類 ··· 80
　4 内分泌腺 ··· 80

2 インスリンと運動・トレーニング ··· 81
　1 インスリン（概要） ·· 81
　2 インスリンと一過性の運動 ·· 82
　3 インスリン作用とトレーニング ·· 83
　4 インスリン作用とグリコーゲンの回復 ···································· 84

3 ストレスホルモンと運動・トレーニング ···································· 85
　1 ストレスホルモン ·· 85
　2 生物におけるストレス ··· 85
　3 ストレスホルモンの作用 ·· 86
　4 ストレスホルモンと一過性の運動 ·· 87
　5 ストレスホルモンとトレーニング ·· 88

4 性ホルモンと運動・トレーニング ··· 89
　1 性ホルモン ··· 89
　2 男性ホルモンと一過性の運動およびトレーニング ····················· 89
　3 女性ホルモンと一過性の運動およびトレーニング ····················· 90

第6章　運動と骨

1 骨の解剖学と生理学 ··· 93
　1 骨の解剖 ··· 93
　2 骨の役割 ··· 94

2 骨強度と栄養 ··· 96
　1 骨の強さを規定する因子 ·· 96
　2 骨をつくるための栄養素 ·· 98

3 骨折と骨代謝 ··· 99
　1 骨折 ·· 99
　2 骨の建築現場 ─つくる人・壊す人・指示する人─ ····················· 101

4 骨とメカニカルストレス ·· 104
 1 運動条件と骨の変化 ·· 104
 2 運動効果の持続性 ·· 106
 3 高地トレーニング ·· 107
[column] 骨は利他の心で生きている─骨を鍛えて全身を元気に─ ··········· 109

第7章　運動と循環

1 心臓循環系の概要と心臓の基本構造 ······························· 111
 1 心臓循環系とは ·· 111
 2 心臓循環系の構造 ·· 112
 3 心臓の構造 ·· 112

2 心臓の拍動と血液の拍出 ·· 113
 1 心臓の収縮のしくみと心拍数 ·· 113
 2 心臓の収縮・弛緩と1回拍出量 ······································ 114

3 血管の構造と血圧 ··· 115
 1 血管の種類と構造 ·· 115
 2 血圧 ·· 116

4 循環調節のしくみと運動による適応 ······························ 117
 1 心臓循環系における循環調節 ·· 117
 2 循環する血液の配分と運動時の血流再配分 ························· 118
 3 中心循環における運動時の循環調節 ································· 119
 4 末梢循環における運動時の循環調節 ································· 122
 5 トレーニングと心臓循環系の適応 ··································· 122
[column] 運動後のクラクラや失神の原因は？─運動後低血圧と二酸化炭素─ ··· 125

第8章　運動と呼吸

1 呼吸器系の基本構造と換気 ·· 127
 1 呼吸とは ·· 127
 2 呼吸器の構造と肺でのガス交換 ····································· 127
 3 換気のしくみとその様相 ·· 128

2 ガス交換と呼吸の調節 ·· 129
 1 気体の分圧と体内におけるガス交換 ································· 129
 2 酸素飽和度と酸素供給 ·· 130
 3 呼吸の調節と運動による呼吸の変化 ································· 131

3 酸素摂取量と運動中の代謝 ·· 133
 1 酸素摂取量 ·· 133
 2 最大酸素摂取量 ·· 134
 3 運動時の酸素摂取量の測定とエネルギー源の推定 ·················· 136

4 酸素借と酸素負債 ·······················137
5 無酸素性作業閾値 ·······················138
6 トレーニングによるエネルギー供給能力の向上と運動パフォーマンス ·············139

第9章　運動と体温

1 ヒトの体温変化と体温調節 ·······················143
1 ヒトの体温と恒常性 ·······················143
2 熱の出納と体温 ·······················144
3 身体と外部環境の熱の移動 ·······················144
4 体温調節中枢と体温調節の種類 ·······················145

2 運動中の体温と運動パフォーマンス ·······················147
1 運動による熱産生と体温上昇 ·······················147
2 運動中の発汗とその部位差 ·······················148
3 暑熱環境下での運動時の生理応答と運動パフォーマンス ·······················149
4 寒冷環境下での運動時の生理応答と運動パフォーマンス ·······················150

3 運動環境と体温にかかわる疾患 ·······················151
1 運動環境の選択 ·······················151
2 体温にかかわる疾患 ·······················152

4 トレーニングや暑熱暴露による適応 ·······················155
1 トレーニングによる体温調節反応の適応 ·······················155
2 暑熱順化トレーニングによる暑熱下運動パフォーマンスの変化 ·······················155

第10章　脳と脊髄

1 神経系とは ·······················159
1 神経細胞と神経膠細胞 ·······················159
2 神経系の役割 ·······················162

2 脳と脊髄 ·······················164
1 大脳 ·······················164
2 小脳 ·······················166
3 間脳（視床と視床下部）·······················167
4 脳幹（中脳、橋、延髄）·······················167
5 脊髄と脊椎 ·······················168
column 注意ってなんだ!?―脳のさまざまな情報処理を調節する大事な働き― ·······················171

第11章　運動と脳・神経系

1 運動関連領野と脳の可塑性 ·······················173
1 運動関連領野と運動の関係 ·······················173

　　2　運動の制御方式 ··· 174
　　3　トレーニングによって生じる脳機能の変化 ······················ 175

2　脊髄を介した運動とさまざまな反射 ······························ 177
　　1　錐体路と錐体外路 ·· 177
　　2　筋肉を制御する脊髄のα運動ニューロン ························· 178
　　3　無意識的な運動を誘発するさまざまな反射 ····················· 179
　　4　神経筋接合部の興奮伝達 ··· 181

3　運動単位と筋収縮の原理 ··· 182
　　1　運動単位とその動員パターン ·· 182
　　2　トレーニングによる筋力増大のメカニズム ····················· 184

第12章　加齢と身体変化

1　加齢にともなう末梢組織の変化 ······································ 189
　　1　加齢にともなう呼吸循環系の変化 ····································· 189
　　2　加齢にともなう神経・筋の変化 ··· 191
　　3　加齢にともなう骨の変化 ··· 191

2　加齢にともなう中枢組織の変化 ······································ 192
　　1　加齢にともなう脳の変化 ··· 192
　　2　脳構造の変化 ·· 193
　　3　脳機能の変化 ·· 193
　　4　脳機能低下とストレス ·· 194
　column　理想的な BMI は本当に 22 なの !?―加齢と体格― ················· 197

第13章　運動と健康

1　運動が末梢組織に与える影響 ··· 199
　　1　有酸素能力に対する運動効果 ·· 199
　　2　筋・関節・骨量に対する運動の効果 ································· 200

2　運動が中枢組織に与える影響 ··· 201
　　1　脳の構造、機能に対する運動効果 ····································· 201
　　2　メンタルヘルスに対する運動効果 ····································· 202
　　3　運動が脳機能・メンタルヘルスに悪影響を与える条件 ····· 203

学びの確認（解答）　207
索引　209

第1章 骨格筋の筋収縮と運動能力

なぜこの章を学ぶのですか？

中学・高校の理科や生物の授業で学んだ"動物の細胞"のことを覚えていますか？　細胞の話は単に顕微鏡の中だけの話ではなく受験勉強のためだけの話でもありません。たとえば骨格筋細胞には種類があり、細胞の中身の違いは、アスリートの競技能力やトレーニング効果に多大な影響を与える要因になるのです。

第1章の学びのポイントは何ですか？

骨格筋細胞（筋線維）の基本構造を理解します。筋線維は速筋線維と遅筋線維に大別され、それぞれの特徴を有しています。それぞれの筋線維を保有する割合は個人によって異なるため、得意とするスポーツ種目に違いが生じてきます。

考えてみよう

1. マラソン選手は疲れ知らず。彼らの持久能力はなぜ高い？

2. トレーニングで筋肉モリモリ！
   そのとき骨格筋細胞は増える？　太くなる？

1 骨格筋の基本構造と筋収縮のしくみ

骨格筋は横紋構造を有する随意筋である。活動電位の到達によって細胞内のカルシウム濃度が上昇すると筋収縮が生じる。筋収縮の際、収縮蛋白質であるミオシンとアクチンの相互作用が生じ、ATP の化学的エネルギーから力学的エネルギーへの変換がなされることになる。

1 筋肉の種類

　私たちが筋肉と呼んでいる収縮性をもつ細胞の集合体には 3 つの種類があり、それぞれ平滑筋、心筋、骨格筋に分類される。平滑筋は血管の壁に存在し、血液の通る穴を囲むように存在している。収縮すると血管の径を細くし、弛緩すると血管の径が太くなるので、血圧や血流の調節に機能する。また、胃や小腸などにも存在し、摂取した食物を消化管の中で移動させる蠕動運動にも機能する。心筋は心臓の筋肉であり、心臓の大部分を構成する。収縮することによって血液を全身に向けて押し出し、弛緩することによって全身からの血液を迎える。骨格筋とはいわゆる "筋肉"（上腕二頭筋や上腕三頭筋など）のことであり、全身に約 400 種存在していて運動の遂行のほか、姿勢の維持・関節の安定・体温の維持にも機能する。

　平滑筋や心筋は、私たちがどのように動かすかを考えなくても主に自律神経の働きによって無意識（不随意）のうちに最適な収縮が調節されている。たとえば、運動をすれば意識をしなくても勝手に心拍数は上昇し血圧も上昇する。このような筋肉を不随意筋と呼ぶ。一方、骨格筋は主に運動神経によって支配されており、筋肉をいつ、どれくらいの力で、どのくらいの速さで動かすかを意識的に決定して収縮させる。このような筋肉を随意筋と呼ぶ。

　さらに、心筋と骨格筋を顕微鏡によって観察すると、細胞に横縞模様を確認することができる。これは骨格筋細胞内の収縮装置の構造に由来しており（後述）、このような筋肉を横紋筋と呼ぶ。なお、平滑筋は横紋構造を示さない。

2 骨格筋の構造

　骨格筋を詳細に観察した図を示す（図1-1）。骨格筋細胞は筋線維と呼ばれており、筋細胞膜（または筋鞘・形質膜）によって細胞質である筋形質が区分けされて存在している。一般的に“細胞”とは小さな構造物の代表者として描かれることが多く、筋線維の直径は 10 〜 100 μm 程度である。しかしながら、筋線維の長さは基本的に筋肉の長さほどあるので、長い筋肉においては 1 つの筋線維が 30 cm 程度に至る極めて細長い形状の細胞である。骨格筋細胞は 1 つの細胞に多くの核を含む多核細胞であるが、多核である理由の 1 つは、この長さゆえに 1 つの核が担当する空間領域を狭くするためと考えられている。また、筋細胞膜の外には、将来細胞内に入って核となる運命をもつ筋衛星細胞が存在している（後述）。筋線維は筋束として一旦束ねられ、さらに筋束が束ねられると“筋肉”としての形状になる。1 つの骨格筋に含まれる筋線維の数は一定ではなく、骨格筋ごとに異なる。

　1 つ 1 つの筋線維は筋内膜が結合組織のように包んで筋束とし、また、筋束と筋束は筋周膜が束ねる。そして、筋肉の表面は筋外膜が覆う。これらの膜は腱と一体化しながら最終的に骨に付着しており、筋線維が収縮することによって腱を介して骨を動かすことになる。

図 1-1　骨格筋の構造

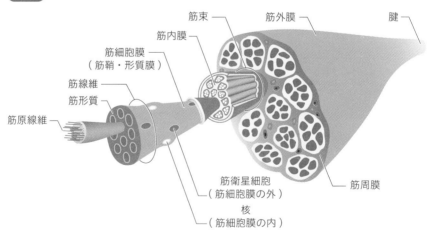

3 筋線維の内側の構造

　筋線維をより詳細に観察した図を示す（**図 1-2**）。筋形質は筋細胞内における液性の部分であり、酵素などの多くの蛋白質が大量に溶解している。溶解している物質は基本的に見えない。この筋形質の領域には、ミトコンドリアなどの小器官が存在しており、さらに筋収縮に不可欠な T 管（T チューブ）・筋小胞体・筋原線維を確認することができる。

　T 管は筋細胞膜に起因したチューブ状の構造物であり、細胞膜上に空いた穴から筋線維内に入る"落ち込み"である。筋収縮の刺激は筋細胞膜を活動電位が伝わることに起因するが、T 管はその活動電位が筋細胞内の奥深くにまで伝わるように機能する。

　筋小胞体はカルシウムを貯蔵している"袋"であり、筋原線維の周辺にまとわりつくように存在している。筋収縮時には細胞内のカルシウムイオン濃度が上昇する必要があるが（後述）、常にカルシウムイオン濃度が高い状態であると筋収縮が上手く誘発されない。そのため、通常はカルシウムイオンをこの袋に詰めることによって隔離し、細胞内のカルシウムイオン濃度が低くなるように機能している。活動電位が筋小胞体に作用するとカルシウムイオンを放出し、細胞内のカルシウムイオン濃度が 100 倍程度にまで上昇する。このことが筋収縮を起こす直接的なきっかけであり、必須の条件となる。

図 1-2　筋線維の中の構造

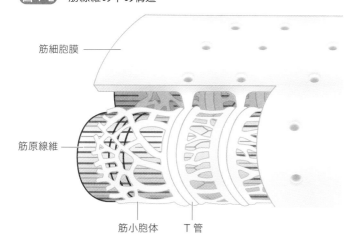

筋細胞膜

筋原線維

筋小胞体　　T 管

4 筋原線維

　筋原線維は骨格筋細胞に含まれる総蛋白質量の約 2/3 以上を占める主要な構造物であり、筋収縮の物理的な力を発揮する部分である。筋原線維は、薄いフィラメントであるアクチンと太いフィラメントであるミオシンが平行かつ重なるように整然と配置されていることによって横紋模様を横紋筋に描く（図1-3）。

　ミオシンは駆動蛋白質と呼ばれており、筋収縮のための“モーター”として働く。ミオシンのミオシンヘッドと呼ばれる部位に存在する ATPase（ATP エース）と呼ばれる酵素がアデノシン三リン酸（ATP）を分解し（後述）、その際に生じる化学的エネルギーを力学的エネルギーに変換することで筋収縮が生じる。また、アクチン上にはカルシウムイオンが結合する部位と筋収縮を始めるための“スイッチ”が存在し、筋小胞体から放出されたカルシウムイオンが結合すると筋収縮のためのスイッチが露出する。そのスイッチにミオシンが触れるとフィラメントの“たぐりよせ”が始まって筋収縮が生じる。たぐりよせの際、ミオシンやアクチン自体が縮むのではなく、ミオシンとアクチンが重なっている部分が多くなることによって細胞を縮ませる（図1-3）。

図1-3 　筋原線維の中の構造

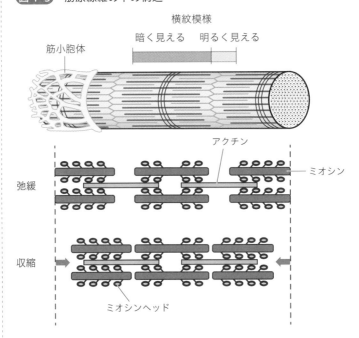

横紋模様
暗く見える　明るく見える

筋小胞体

アクチン

ミオシン

弛緩

収縮

ミオシンヘッド

活動電位によって細胞内で上昇していたカルシウムイオンはその後筋小胞体に回収され始め、アクチンの結合部位からカルシウムが外れると両フィラメントはもとの位置に戻ろうとして筋弛緩が生じる。

2　筋線維の種類と運動能力

筋線維は速筋線維と遅筋線維に大別され、それぞれに特異的な性質を有する。速筋線維は瞬発的な能力が優れており、遅筋線維は持久的な能力に優れる。

1　筋線維の種類

筋線維には複数の種類が確認されており、その構成比率は骨格筋の部位や個人によって異なる（図 1-4）。古くから、筋線維の種類によって代謝特性と収縮特性が大きく異なることが知られており、さらに分析方法の発展にともない多くの分類方法がなされるようになった（表 1-1）。

筋線維は速筋（FT：fast-twitch）線維と遅筋（ST：slow-twitch）線維に大分され、さらに速筋線維は代謝特性と収縮特性において両筋線維の中間的な存在を示す線維が存在している。

収縮速度において、速筋線維は遅筋線維に比べて約 2 倍の速度を示す。この理由は、速筋線維に含まれるミオシン ATPase 蛋白質の種類が速筋タイプであり、ATP を分解してエネルギーを取り出す速度が速いことが関係している。速筋線維は素速く最大の張力を発揮することができるが、その力を長い間持続することは苦手であり、遅筋線維は得意である。代謝特性において、速筋線維は糖質を無酸素的に利用する解糖能力（後述）が高く、その

図 1-4　筋肉の中の骨格筋細胞

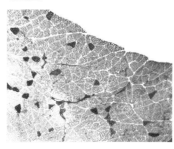

白色：遅筋線維
黒色：速筋線維

　　ヒラメ筋　　　　　　　　　　腓腹筋

ラットのヒラメ筋と腓腹筋を光学顕微鏡で調べてみると、1 つの筋肉内には複数の種類の骨格筋細胞が混在していることを確認できる（筆者撮影）。

表 1-1　筋線維の種類（筋線維タイプ）

	遅筋線維	速筋線維	
	ST 線維 赤筋 TYPE I 線維	FT 線維 白筋 TYPE II 線維	
	ST 線維 TYPE I 線維 SO 線維	FT a 線維 TYPE IIA 線維 FOG 線維	FT b 線維 TYPE IIX 線維 FG 線維
収縮速度	+	+ + +	+ + +
疲労耐性	+ + +	+ +	+
グリコーゲン量	+	+ +	+ +
ミトコンドリア量	+ + +	+ +	+
有酸素能力	+ + +	+ +	+
解糖能力	+	+ +	+ + +

SO: slow-twitch oxidative　FG: fast-twitch glycolytic　FOG: fast-twitch oxidative glycolytic

エネルギー源となる筋グリコーゲンを多く貯蔵している。一方、遅筋線維は有酸素能力が高く、その"エネルギー工場"となるミトコンドリアを多く含んでいる。

2 筋線維組成とスポーツ種目

　外側広筋や腓腹筋を構成している速筋線維と遅筋線維の比率を調べてみると、これら筋線維の割合は男女とも約 50：50 である。しかしながら、ヒトによってその比率は異なり、一方に偏った比率で筋線維を有しているヒトが存在する。

　アスリートの筋線維組成を調べてみると、持久系アスリートは遅筋線維を多く有しており、一流アスリートでは 90％以上の比率を示すこともめずらしくない（図 1-5）[1]。一方、瞬発系アスリートは速筋線維を多く有しており、一流アスリートでは 80％ 程度の速筋線維の比率を示す。これらアスリートにおける筋線維の比率は筋線維の有する特徴と競技特性に合致しており、筋線維の違いが競技成績に大きく関与していることを示している。なお、これら筋線維の分析は外科的な処置によって骨格筋を部分的に採取することによって行われるが、スポーツの現場で利用しやすい計算式も高い精度をもって考案されている（図 1-6）[2]。このように競技能力に関係の強い筋線維ではあるが、それぞれの種目において、中間的な筋線維の比率ながら優れた成績を残すアスリートの存在も忘れてはならない。このことは、筋線維は競技成績を決める要因の 1 つであるが、十分な要因ではないことを示している。

図 1-5　スポーツの種目と筋線維組成

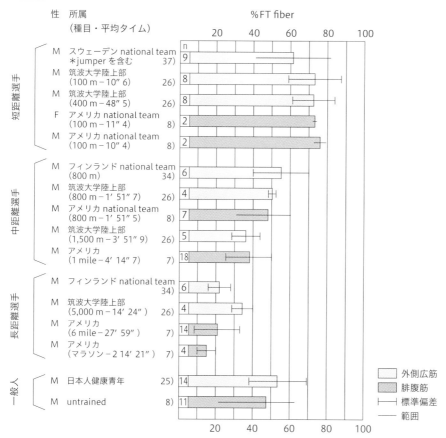

出典　勝田茂，和田正信「筋線維組成と運動競技適性」『デサントスポーツ科学』7：34-43,1986.

競技能力の高い選手においては、種目特性に応じた筋線維を有していることが認められる。

図 1-6　筋線維組成の推定

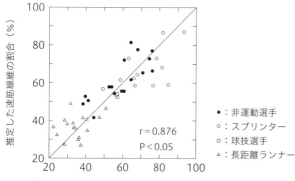

Y（推定した速筋線維の割合）＝ 69.8X（速度比）－ 59.8

速度比：A ／ B

　A：全力 50 m 走の 1 秒あたりの移動距離（m/ 秒）

　B：全力 12 分間走の 1 秒あたりの移動距離（m/ 秒）

出典　勝田茂，高松薫，田中守，小泉順子，久野譜也，田渕健一「50m 走と 12 分間走の成績による外側広筋の筋線
　　　維組成の推定」『体育学研究』34(2):141-149,1989. を一部改変

3 筋線維組成とトレーニング

　トレーニングは骨格筋のさまざまな能力を向上させるが、その効果に筋線維組成の変化は関与しているのだろうか。20年間にわたる持久トレーニングが筋線維組成に与える影響を検討した研究では、遅筋線維の割合は変化しなかったことを報告している[3]。この研究からも、遅筋線維が速筋線維に変化する可能性は低いと考えられている。一方、速筋線維においては高強度の持久トレーニングによってFTb線維からFTa線維への移行が生じることが報告されている[4]。興味深いことに、この変化はウェイトトレーニングやスプリントトレーニングによっても生じるので、トレーニングの様式に対応した適応ではないと推察できる。また、ヒトの骨格筋においてはそもそもFTb線維の割合は20%程度であり、FTa線維への移行の割合は10%程度であることや、トレーニングを中断すると移行がもとに戻ってしまうことを考慮すると、筋線維組成は運動能力に強く関係するが、トレーニングによる骨格筋の適応においては筋線維の移行による貢献は少ない、もしくはほとんどないと見積もることができる。

4 筋線維の肥大

　生体内において、筋力の発揮には神経から力が発揮される角度までさまざまな要因が関与するが、筋線維の横断面積×筋線維数で表される骨格筋の横断面積の大きさは特に重要な要因の1つである。
　基本的に骨格筋の横断面積の大きさは筋力の大きさに比例する。ウェイトトレーニングによって筋線維の横断面積が増加（肥大）することはよく知られている。速筋線維は遅筋線維に比べてトレーニングにより肥大がしやすく、また、同じ骨格筋の横断面積同士であれば速筋線維を多く含んでいるほうで筋力が高くなる。一方、トレーニングが筋線維数に与える影響に関しては、トレーニングによって筋線維数は増えない（増殖はしない）とする報告は多い。しかしながら、ボディービルダーを対象にした研究では筋線維数の増加を示唆している報告も存在し[5, 6]、動物実験によっても増殖を示す結果が存在している。これらの結果は、トレーニングの状況（様式や期間など）や対象によっては増殖も生じる可能性を示しているが、依然として明らかにはなっていない。

5 筋肥大や筋損傷を修復する際の作用機序

　トレーニングによって骨格筋が肥大したり筋損傷から回復をする際の作用機序に関しては現在も不明な点が多く、運動生理学の分野においては盛んな研究が続いている。ともに主要な作用機序の 1 つとされるのは、筋衛星細胞の活性化である。骨格筋細胞の外側には、筋細胞を取り囲むように筋衛星細胞と呼ばれる細胞が存在している。筋衛星細胞とは"将来筋細胞になる予定だが今は休憩をしている"細胞であり、筋細胞が運動や損傷などの刺激を感知すると活性化して増殖・融合し、既存の筋細胞に取り込まれる（図 1-7）。肥大をした際や損傷から回復した際における筋細胞内の核数は増加するが、この増加は活性化した筋衛星細胞由来であると考えられており、筋肥大の誘発や再生能力の発揮に機能したとされている。

　また、トレーニングによって正味の筋蛋白質の合成が促進することも作用機序の 1 つとして関与する。筋蛋白質は合成と分解のバランスによって正味の合成量（合成量−分解量）が決定するが、トレーニングによって合成の促進と分解の抑制の両方が生じる。この正味の合成量の促進には、トレーニングによるホルモン・神経・代謝・細胞にかかる機械的な負荷など、さまざまな要因が関与する。

図 1-7　筋衛星細胞の活性化

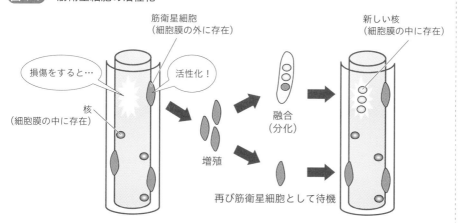

損傷をすると、筋衛星細胞が活性化して増殖・融合し、もとの筋細胞に取り込まれて筋を修復する。また、肥大を誘発する運動を行うと、同様の過程を経てもとの筋細胞に取り込まれて筋を肥大させる。

引用文献

1） 勝田茂，和田正信「筋線維組成と運動競技適性」『デサントスポーツ科学』7：34-43, 1986.
2） 勝田茂，高松薫，田中守，小泉順子，久野譜也，田渕健一「50m 走と 12 分間走の成績による外側広筋の筋線維組成の推定」『体育学研究』34（2）:141-149, 1989.
3） Trappe SW, Costill DL, Fink WJ, Pearson DR. Skeletal muscle characteristics among distance runners: a 20-yr follow-up study. *J Appl Physiol.* 78（3）:823-829, 1995.
4） Andersen P, Henriksson J. Capillary supply of the quadriceps femoris muscle of man: adaptive response to exercise. *J Physiol.* 270:677-690, 1977.
5） Larsson L, Tesch PA. Motor unit fiber density in extremely hypertrophied skeletal muscles in man: Electrophysiological signs of muscle fiber hyperplasia. *Eur J Appl Physiol.* Occup. Physiol. 55（2）:130-136, 1986.
6） Tesch PA, Karlsson J. Muscle fiber types and size in trained and untrained muscles of elite athletes. *J Appl Physiol.* 59（6）:1716-1720, 1985.

学びの確認

（　　　　　）に入る言葉を考えてみよう。

①心筋と平滑筋は（　　　）神経によって無意識のうちに制御されている。このような筋肉を（　　　）筋と呼ぶ。

②筋線維は（　　　）として一旦束ねられ、さらにそれが束ねられると筋肉としての形状になる。

③筋小胞体は（　　　　　）を貯蔵しており、筋収縮の際に重要な役割を担う。

④骨格筋において、ミトコンドリアを多く含んでいるのは（　　　）線維のほうである。

⑤骨格筋の横断面積は、筋線維 1 本の横断面積×筋線維の（　　）で表すことができる。

⑥骨格筋の横断面積が同じであれば、（　　　）線維を多く含んでいるほうで筋力が高くなる。

⑦肥大をした際や損傷から回復した際、筋細胞内の核数は（　　　）する。

骨格筋を可視化して定量する

筑波大学／髙橋英幸

第1章で述べられたように、運動は骨格筋の収縮により行われることから、骨格筋の形態や質的特性が運動パフォーマンスに大きく影響することは想像に難くありません。

筋量や体脂肪量を推定できる簡易型の体組成計が広く市販されていますが、研究等において骨格筋の形態や面積・体積をより詳細かつ正確に評価するために、医療分野で利用されているX線コンピュータ断層撮像（CT）法や超音波画像（US）法、磁気共鳴画像（MRI）法などの画像診断法が応用されています。CT法は、CT値の違いから骨格筋と脂肪、骨等を明瞭に描出できますが、放射線を使用するため、健常人に応用するには限界があります。US法は超音波を生体に当てて反射してきた信号を画像化する方法で、比較的簡単に実施できますが、超音波が届く領域に撮像範囲が限定されるという制限があります。

一方、MRI法は磁気とラジオ波を利用して生体内にある水素原子（^{1}H）の信号を検出して非侵襲的に生体組織を画像化する方法で、放射線被曝もなく、縦横斜め自由な面での撮像ができるため、アスリートや子どもなどを含む健常人を対象として繰り返し実施することが可能です。MRI法で得られた画像（図）を解析することにより、生体内の各筋の面積や体積、筋組成・バランスを正確に評価することが可能です。

MRI装置は高価で、MRI法はどこでも実施できるというものではありませんが、このような先端技術の活用によって、筋形態と運動動作・運動パフォーマンスとの関係、筋に対するトレーニング効果や障害の影響等を客観的に評価することが可能になります。このようにして得られた知見は、最適なトレーニング・コンディショニング計画立案、競技種目適正診断、障害予防策立案などに貢献することが期待されます。

図 MRI法を用いて撮像された大腿部および体幹部の画像例と模式図

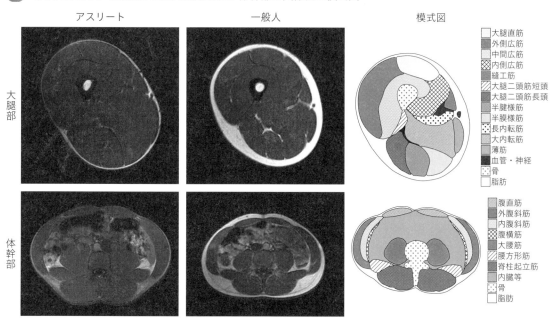

MRI法を用いて撮像されたアスリート（陸上競技短距離選手）および一般人（非鍛錬者）の大腿中央部と体幹部（ヤコビーライン：骨盤の左右上端を結んだライン）の横断画像の例、各部位における筋組成の模式図。一見して、アスリートは一般人よりも筋量が多く、脂肪が少ないことがわかる。このような筋の形態特性は、競技種目や個人により異なる。MRI法により測定された日本人トップアスリートの筋・脂肪面積のデータは『フィットネスチェックハンドブック―体力測定に基づいたアスリートへの科学的支援―』（ハイパフォーマンススポーツセンター・国立スポーツ科学センター監修、大修館書店）に収載されている。

エネルギー代謝

なぜこの章を学ぶのですか？

　私たち人間は体外から栄養や酸素を取り入れ続けなければ生きていけません。取り入れた分子や元素が身体の中で巻き起こす流れは "エネルギー代謝" と呼ばれ、運動生理学の根幹を成す領域になるからです。

第2章の学びのポイントは何ですか？

　エネルギー代謝の基本的な流れを理解します。運動中に利用されるエネルギー源は運動の種類（強度や時間）やトレーニング状況によって変化し、運動中にエネルギー不足にならないようにエネルギー供給を最適化します。

＼ 考えてみよう ／

① 無酸素運動は無酸素状態なの？

② 運動の種類によって疲労の要因は違うの？

1 エネルギー源の貯蔵とエネルギー代謝の流れ

身体において、糖質は限られたエネルギー源であるが、脂質は貯蔵量が極めて多い。肝臓は他の臓器に糖質を血糖として供給できるが、骨格筋はできない。よって、活動筋内で糖質が低下しても非活動筋から糖質が供給されることはない。

1 エネルギー代謝とは

　私たち生物を構成する個体の細胞は生きており、細胞の集合体である身体も同様に生きている。この"生きている"状態と"死んでいる"状態との違いはどこからくるのであろうか。生理学的な答えの1つは、"代謝"の存在の有無である。自分の身体を観察してみると、一見、今日の身体は昨日の自分の身体と同じように見える。しかし、その身体を構成している分子は少しずつ新しい分子を取り入れ、古い分子と置き代わることによって見た目上の自分を維持している。この分子の移り変わりが代謝であり、代謝の結果、動的平衡を保っていることが"生きている"ことの証でもある。一方、代謝が終了してしまうとは"死んでいる"と同義であると考えることができる。たとえば骨は身体から摘出した時点で代謝は終了してしまう。この場合、骨の合成も分解も止まるので見た目上の骨の形を維持しているようにも見える。しかし、それは動的平衡によって形が維持されているのではないので、生きているとはいえない状態となる。一方、臓器移植で用いる臓器など、体外に摘出された後においても、適切な処理をして代謝が維持されているのであれば細胞は生きている状態であると考えることができる。

　身体（細胞）を構成している分子が移り変わる際、その材料となる分子は体外から取り入れる栄養素と酸素である。つまり、私たちが生きるためには栄養素を食事として摂取し、呼吸をしなければならない。実はこの分子の移り変わりにはエネルギーが必要である。特に移り変わりが激しい成長期や運動の際にはたくさんのエネルギーが必要になるので、より多くの栄養素を摂取し、より多くの呼吸をする必要性が生じる。エネルギー代謝とは、細胞内で利用することのできるエネルギーをいかにして確保し消費するのかに関しての"道筋"と考えると理解がしやすい。

2 エネルギー源の貯蔵

　ヒトが生きるためには栄養素を摂取し続ける必要があるが、ヒトは毎時間食べることのみを行って生活しているわけではない。私たちは進化の過程で、摂取した食料やそれに含まれている栄養素を身体に一時的に貯める多くの機能や能力を身につけた。その1つが胃である。胃は摂取した食料を一時的に貯蔵し、少しずつ十二指腸に運ぶことによって身体に栄養素を持続的に供給する。また、小腸を介して吸収された糖質や脂質はそれぞれの貯蔵形態であるグリコーゲンと中性脂肪として身体に貯蔵され、必要に応じて利用される（図 2-1）。

　グリコーゲンは腎臓、精子、神経細胞を保護するグリア細胞、膣（ちつ）など、さまざまな細胞内で確認することができるが、その組織内濃度や身体における組織重量を考慮すると、骨格筋細胞と肝細胞が主要な貯蔵場所であると考えることができる。また同じ骨格筋細胞であっても、遅筋線維に比べて速筋線

図 2-1　糖質は限られたエネルギー源

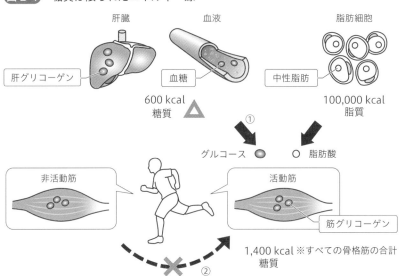

非活動筋にいくら筋グリコーゲンが残っていても活動筋に分け与えることはできない。また、活動筋の筋グリコーゲンが減っても、血中から血糖を取り込む速度は遅い。よって、運動中に活動筋が利用できる実際の糖質の量は極めて少ないことになる。

維に多く含まれている。そのため、ヒラメ筋のように遅筋線維が多く含まれる骨格筋に比べ、速筋線維が多く含まれる骨格筋のほうがグリコーゲン濃度は高くなる。一方、中性脂肪は主に脂肪細胞の中に貯蔵されるが、骨格筋細胞や肝細胞の中にも貯蔵される。

　身体に含まれる脂質の量は体脂肪率によって異なるが、およそ100,000 kcal 程度と計算できる。この量はフルマラソンを複数回走り切ってもまだ余るほどの量である。一方、身体に含まれる糖質は、貯蔵形態であるグリコーゲンのほか、血糖として血中に存在するグルコースをあわせても2,000 kcal 程度であり、脂質に比べて著しく貯蔵量が少ない。このことから、身体において糖質は限られたエネルギー源であることがわかる。

3 骨格筋への糖質の供給

　食事によって身体に取り入れられた糖質は、門脈と肝臓を介して血中にグルコース（血糖）として現れる。血糖値の上昇にともないインスリンが分泌され、インスリンが骨格筋に作用するとグルコースを筋細胞内に取り込み、筋グリコーゲンとして貯蔵する（図 2-1 ）。重要なことに骨格筋はグルコースを一方的にもらうのみであり、骨格筋からグルコースが放出されることはない。このことは、非活動筋に多くの筋グリコーゲンが余っていたとしても、活動している骨格筋に筋グリコーゲンをグルコースとして"おすそわけ"することができないことを意味している（図 2-1 の②）。

　食事によって血糖値が上昇した際、グルコースはインスリンによって肝臓の肝細胞にも取り込まれて肝グリコーゲンとして貯蔵される。筋グリコーゲンとは異なり、肝グリコーゲンは血糖値が低下すると分解され、グルコースとして肝細胞から血中に放出されて骨格筋に供給される。しかしながら、血中から骨格筋に血糖が取り込まれる速度は遅いため（図 2-1 の①）、骨格筋で糖質の需要が高まった際には活動筋の中に含まれる筋グリコーゲンを積極的に利用することになる。筋グリコーゲン量は 1,400 kcal 程度と一見比較的多く存在しているように思えるが、これは全身すべての筋グリコーゲン量の合計であり、活動筋の中だけの量を考えれば、いかに筋グリコーゲンが少ないエネルギー源であるかを理解できる。

4 骨格筋への脂質の供給

　食事によって摂取した脂質は中性脂肪として主に脂肪細胞に貯蔵される。中性脂肪とはグリセロールに各種脂肪酸が3つ結合した構造をしている（図 2-2）。分解されると脂肪酸は切り離されて遊離脂肪酸となり血中に放出される。いわゆる"脂質の分解"とは、狭義では血中の遊離脂肪酸の濃度が上昇することを意味する場合が多い。骨格筋は血中から遊離脂肪酸を取り込んでエネルギーとして利用するが、この取り込み量の程度は血中の遊離脂肪酸の濃度が高いほど多い。つまり、脂質の分解が高いほど骨格筋での脂質の利用が促進しやすい方向に向かう。一方、"脂質の消費"や"脂質の燃焼"とは、細胞内に取り込まれた脂質が後述するミトコンドリアで利用されて呼気ガス中に二酸化炭素として現れることを意味する。

図 2-2　脂質の分解と燃焼

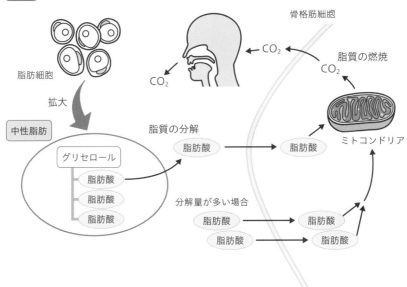

脂質の分解が多くなって血中の遊離脂肪酸の濃度がより高いレベルに上昇すれば、骨格筋に取り込まれる脂肪酸の量が多くなり脂質の燃焼が上昇する。

2　ATP の消費と再合成のための経路

> 生命活動の直接のエネルギー源は ATP である。しかし、その貯蔵量は極めて少ないため、ATP を再合成する経路が複数存在する。それぞれの経路には長所・短所があるため、身体は状況に応じて利用する経路を選択することでエネルギー代謝を最適化する。

1　生命活動の直接のエネルギー源：ATP

　糖質や脂質はエネルギー源として身体に貯蔵され、需要に応じて消費される。一般的に、エネルギー代謝においては"糖質を使う"とか"脂質を燃やす"などの表現によってエネルギーの消費を表すことが多い。しかしながら、身体は糖質や脂質を直接エネルギーとして使用しているのではない。直接のエネルギー源は"アデノシン三リン酸"（adenosine triphosphate：ATP）と呼ばれる高エネルギーリン酸化合物である（図 2-3）。アデノシン三リン酸はアデノシンに 3 つのリン酸が結合しており、リン酸とリン酸をつなぐ鎖にエネルギーが蓄えられている。この鎖が切断されると ATP はアデノシン二リン酸（adenosine diphosphate：ADP）となり、この際に放出される大量のエネルギーを利用して生命活動を行う。ここで述べるところの生命活動とは、比較的イメージのしやすい運動による筋収縮のほか、筋蛋白質を合成したり、細胞内のイオンを外に汲み出すポンプを動かしたりなど、極めて多くの事象を含む。

図 2-3　アデノシン三リン酸

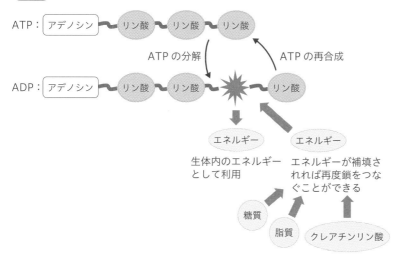

2 ATP の貯蔵量と再合成

　細胞内に含まれる ATP 量は厳密にコントロールされており、骨格筋細胞における安静時の ATP 量は 7 µmol/g 程度である。安静時においては ATP の消費量は少ないが、運動中においてはその消費量は運動強度・運動時間依存的に激増する。この ATP 量は、最大努力の高強度運動を行えば 2 秒程度で枯渇してしまうほどの極めて低い量である。しかしながら、私たちはより長い時間にわたり運動を継続することができる。また、極めて高強度の運動をする時以外、運動中においても ATP 量はほとんど変化をしない。これらのことを可能にしているのは、ATP の再合成である（図 2-3）。ATP は鎖が切断されるとエネルギーを放出するが、切られたリン酸は無機リン酸として細胞内に残存しており消えてなくなりはしない。この際に、どこからかエネルギーを再度補填できれば再び鎖をつなぎ、ATP に戻ることができるのである。運動中においても一見 ATP 量が変化しないように見えるのは、運動中に ATP をその消費量や消費速度に応じて再合成しているからである。

3 ATP 再合成のためのエネルギー

　では、その再合成のためのエネルギーはどこからやってくるのであろうか。大きく分ければクレアチンリン酸・糖質・脂質から生じる（図 2-3）。"糖質を使う" とか "脂質を燃やす" の表現を正確に表すと、"糖質を使って ATP を再合成する" や "脂質を燃やして ATP を再合成する" となる。これらの ATP を再合成するためのエネルギー源は、上記の何を利用してもよいわけではない。エネルギー源にはそれぞれ長所と短所があり、ATP の消費される速度や絶対量の違い(運動時間や運動強度など)によって最適なエネルギー源が選択される。さらにそのエネルギー源が貯蔵されている場所も重要であり、運動の状況に応じてより適切な貯蔵庫からエネルギーの持ち出しがなされる。以下、骨格筋細胞の場合を中心に、運動によるそれぞれのエネルギー源の利用のされ方の違いを説明する。

（1）クレアチンリン酸を利用：ATP–PCr 系

　骨格筋細胞の中には、ATP のほかにも高エネルギーリン酸化合物が含まれている。それがクレアチンリン酸（phosphocreatine：PCr）である（図2-4）。PCr の基本構造は ATP によく似ており、クレアチン（Cr）にリン酸が 1 つ結合していて、この鎖が切れる際に放出されたエネルギーは ATP の再合成に利用される。ATP-PCr 系の最大の長所は、ATP を再合成する速度にあり、すべての ATP の再合成系の中で最速である。そのため、ATP の消費速度（消費量ではない）が著しく速い運動、たとえば陸上競技の 100 m 走などの高強度・短時間運動においては主要なエネルギー源になる。言い換えれば、この運動では ATP の消費速度が速すぎるので ATP-PCr 系以外の再合成系では追いつかず、結果としてこの系が主要なエネルギー源になっていると考えられる。理論上、ATP-PCr 系はアスリートにおいてもっとも強力な再合成系であり、どんな運動においてもこのエネルギー源によってすべてのエネルギーをまかなうことができれば世界記録の大幅な更新も可能であろう。しかしながら、ATP-PCr 系の短所はその貯蔵量の少なさであり、ATP-PCr 系を最大に利用してしまうと 10 秒足らずで枯渇してしまう。緊急時に利用する"ブースター"のような存在である。高強度の運動時のみに利用されているイメージが強いが、その最速の再合成速度を生かし、ATP 量の低下を常に監視する緩衝機構として働いているため、低強度の運動時においても常に働いていて ATP 量を監視している。

図2-4　ATP–PCr 系

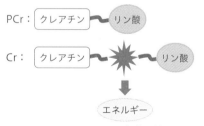

PCr：［クレアチン］━リン酸

Cr：［クレアチン］　　リン酸

↓

エネルギー

ATP の再合成に利用

長所
- ATP を再合成する速度が最速
（最高のエネルギー源！）

短所
- 量が少ない
（緊急時用の特別なエネルギー！）

主要なエネルギー源となる運動様式
- 陸上競技 100m 走など、短時間で大量の ATP を消費してしまう高強度・短時間運動

ATP 量を常に監視し、ATP 量が減少すると迅速に回復させる緩衝機構として機能する。よって、低強度運動でも常に働いている経路である。

（2）糖質（グリコーゲンとグルコース）を利用：解糖系

　糖質は非常にバランスのとれたエネルギー源である（図 2-5）。ATP を再合成する速度は ATP-PCr 系に次いで速く、また、その貯蔵量は PCr に比べてはるかに多い。よって、高強度の運動が 40 秒程度続く運動、たとえば陸上競技の 200 ～ 400 m 走の時などは主要なエネルギー源になる。解糖系とは、グルコースがグルコース 6 リン酸（glucose-6-phosphate：G6P）を介して、もしくは筋グリコーゲンが G6P を介してピルビン酸に至る過程で ATP を再合成する系のことである。しかしながら、血糖であるグルコースが骨格筋の中に取り込まれる速度は筋グリコーゲンが分解する速度に比べて遅いため、上記のような運動様式においては糖質の中でも筋グリコーゲンが優先的に（結果的に）利用される。

図 2-5　解糖系

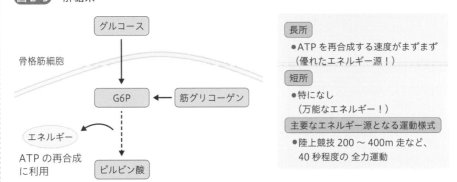

点線の箇所は複数の物質を介しており最終的にピルビン酸に至る。

（3）糖質、脂質（遊離脂肪酸）を利用：有酸素系

　解糖系によってピルビン酸にまで分解した糖質は、その後にミトコンドリアの中に取り込まれる（図 2-6）。一方、脂質は主に中性脂肪として脂肪細胞に貯蔵されており、運動によって分解されると血中の遊離脂肪酸濃度が上昇する。この濃度が高ければ高いほど骨格筋に遊離脂肪酸が多く入り込むことになり、その後にミトコンドリアの中にも多く取り込まれる。また、骨格筋細胞に貯蔵されている中性脂肪も、運動によって脂肪酸に分解された後にミトコンドリアの中に取り込まれる。

　ミトコンドリアの中に入った糖質由来と脂質由来の分子は、トリカルボン酸（tricarboxylic acid：TCA）回路（またはクレブス回路・クエン酸回路）と呼ばれる代謝システムの過程に入り、CO_2 を排出しながら水素イオンを絞り出す（図 2-6）。この水素イオンは同じくミトコンドリア内に存在する電子伝達系と呼ばれる代謝システムの過程に入り、この中で酸素を消費しな

図 2-6　有酸素系

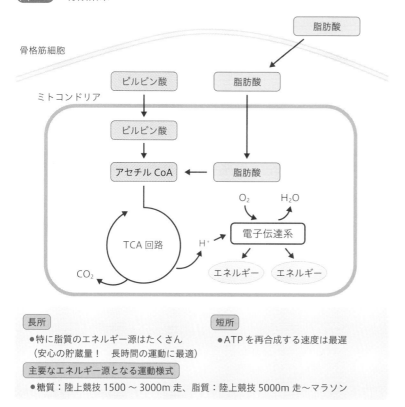

骨格筋細胞

ミトコンドリア

脂肪酸

ピルビン酸　　脂肪酸

ピルビン酸

アセチル CoA　←　脂肪酸

O_2　　H_2O

TCA 回路　　H^+　→　電子伝達系

CO_2

エネルギー　　エネルギー

長所
- 特に脂質のエネルギー源はたくさん（安心の貯蔵量！　長時間の運動に最適）

短所
- ATP を再合成する速度は最遅

主要なエネルギー源となる運動様式
- 糖質：陸上競技 1500 ～ 3000m 走、脂質：陸上競技 5000m 走～マラソン

がら水と大量の ATP を産生する。運動すると呼吸が亢進するのは、この時に電子伝達系で必要な酸素を確保するためである。これら一連の ATP を再合成する過程は、酸素を利用しながらでないと ATP を再合成できないため有酸素系と呼ばれている。

　有酸素系の短所は ATP の再合成速度が遅いことである。よって、ATP の消費速度が速い運動においては有酸素系による ATP の再合成量が追いつかず、結果としてその運動に対してあまり貢献することができない。一方、長所はエネルギー源の貯蔵量の多さである。理論上、身体の中性脂肪量が枯渇することはないので、ATP の絶対的な消費量（消費スピードではない）が多い持久運動においては、運動時間が長くなるほど有酸素系は主要なエネルギー供給系になる。

3 エネルギー源の利用割合の変化

エネルギー源の利用割合は運動の種類（強度や時間）によって変化し、利用されるエネルギー源の貯蔵場所も変化する。乳酸は糖質由来のエネルギー源であり、運動強度を把握する指標の１つになる。筋グリコーゲンや血糖値が低下している場合の運動は筋蛋白質の分解を促進してしまう。

1 有酸素運動 と 無酸素運動

運動生理学の分野では、先述した ATP の再合成系の特性に基づき、運動の種類を有酸素運動と無酸素運動に大別することが多い。この場合、有酸素運動とは有酸素系による（有酸素性の）ATP の再合成が主なエネルギー源になる運動であり、無酸素運動とは ATP-PCr 系と解糖系による（無酸素性の）ATP の再合成が主なエネルギー源になる運動をさす。この分け方はそれぞれの概念を上手に表現しているが、注意すべき点がいくつか存在する。

１つ目は、１つの ATP の再合成系で完結する運動は存在しないことである。運動においては基本的にすべての ATP の再合成系が働いており、それぞれの特徴を生かしながらその比率（貢献度）を変化させることによってエネルギー供給を最適化している。２つ目は、無酸素運動によって減少してしまったエネルギー源であっても、運動後においては有酸素系のエネルギー供給系によって回復が行われることである。これは運動後に"息があがる"状態が継続する理由の１つである。以上のことは、純粋な有酸素運動と無酸素運動は存在しないことを意味する。

３つ目は、無酸素運動時において主なエネルギー供給を成す ATP-PCr 系と解糖系は、必ずしも酸素が不足していると活性化するのではなく、まして細胞が"無酸素"に至っているわけでもない。解糖系は運動（筋収縮）が開始するとわずか数秒で活性化が始まる。

2　運動による糖質と脂質の利用割合

以上のことを踏まえて、以下、運動とエネルギー代謝を考える上で重要な強度と時間との関係を示す。

図 2-7 は安静時から運動強度を上げていった場合（運動時間は同じ）における糖質と脂質の利用割合の変化を相対値で表している（概念図）。割合の数値は研究報告によって若干異なるものの、運動強度が上昇するにしたがい、糖質の利用割合は上昇し、脂質の利用割合は低下する。

図 2-8 は運動強度・時間に対する糖質と脂質の絶対的な利用量（A）[1] と相対的な利用割合（B）を示す。図 2-8 の A・B においても運動強度の上昇にともない糖質の利用割合（グルコース＋筋グリコーゲン）が上昇していくが、この際、同じ糖質であっても運動強度が低い場合はグルコースが利用され、運動強度が高くなるにつれてグリコーゲンの利用が促進していくことが確認できる。"脂質をより多く燃やすのはどのような運動か"との問いに対して、一見図 2-7 や図 2-8 の B をもとに考えれば"低強度運動である"と考えがちである。しかし、これらの図が相対的な利用割合を示していることには注意が必要である。絶対的な利用量を示す図 2-8 の A において、65% $\dot{V}O_2$max では総エネルギー消費量が増加しているので脂質が利用された絶対量は 25% $\dot{V}O_2$max に比べて多くなっていることがわかる。つまり、同じ時間運動をするのであれば、"脂質は中程度の運動強度でよく燃える"ことを意味している。

図 2-7　運動強度とエネルギー基質の利用

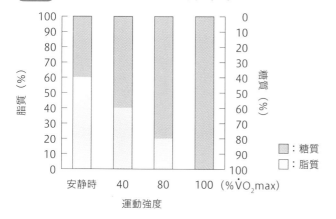

運動強度が上昇するにしたがい、糖質の利用割合は上昇し、脂質の利用割合は低下する（概念図）。

図 2-8 エネルギー基質の利用（絶対値と相対値）

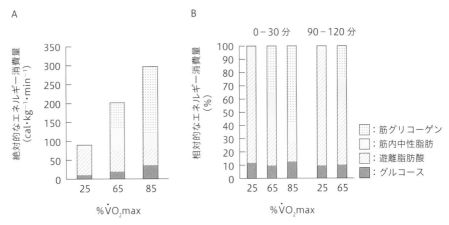

出典　Romijn JA, Coyle EF, Sidossis LS, Gastaldelli A, Horowitz JF, Endert E, Wolfe RR. Regulation of endogenous fat and carbohydrate metabolism in relation to exercise intensity and duration. *Am J Physiol*. 265:E380-391, 1993. をもとに筆者作成

運動強度が変化すると、糖質の内訳（グルコース・筋グリコーゲン）と脂質の内訳（遊離脂肪酸・筋内中性脂肪）が変化した。

　なお、安静時に比べれば、運動を開始すれば糖質も脂質もエネルギー消費量が増大する。このことは、減量を目的とする運動処方を考える場合など、健康や体力条件が許せば特定の運動様式（時間・強度）に縛られずに実施しても効果が得られることを意味しており、"0（ゼロ）より1"であることを理解して運動に励む習慣の必要性を強調したい。

3　乳酸の産生

　図 2-5 と 図 2-6 で示したように、筋グリコーゲンやグルコースはその代謝において、前半は解糖系の過程で ATP を再合成し、後半は有酸素系の過程で ATP を再合成する。この際、解糖系を利用すればするほどその結果としてピルビン酸が多く産生されてくる。重要なことに、筋グリコーゲンが分解される最大の速度は、ピルビン酸がミトコンドリアの中に取り込まれて代謝される最大の速度より速い性質がある。

　運動強度が低い場合、解糖系への依存が少ないためピルビン酸の産生量も少ない（図 2-9）。そのため、ミトコンドリアの中に入り込める量が少なくても産生されたピルビン酸は順次ミトコンドリアの中に入ることが可能である。この場合にはピルビン酸の"だぶつき"は生じず、見た目上の乳酸値は変化しない。一方、運動強度が高い場合、解糖系への依存が高いためピルビン酸がたくさん産生されてくる。この場合、ミトコンドリアの中に入れる量より多くのピルビン酸が産生されてしまうので細胞の中にピルビン酸がだぶ

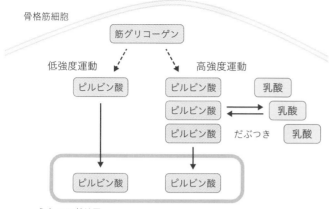

図 2-9　乳酸の産生

点線の箇所は複数の物質を介しており最終的にピルビン酸に至る。解糖系が活性化されるとその程度に応じて"だぶつき"が生じる。

ついてしまう。このだぶついたピルビン酸は解糖系を利用し続けるのに"邪魔"な存在で解糖系を働きにくくしてしまう。そのため、一時的にピルビン酸を処理するために生じてくるのが乳酸である。乳酸は主に筋グリコーゲン量の多い速筋線維の中で産生される。その一部は細胞間質に漏れ出し、同じ筋肉の中のミトコンドリア量の多い遅筋線維に取り込まれるか血液中に放出されることによって速筋線維から乳酸を運び出している。

（1）エネルギー源としての乳酸

運動によって産生された乳酸は、運動強度を落としたり運動を中止したりすればピルビン酸に再度代謝され、ミトコンドリアに取り込まれて ATP の再合成に利用される。つまり、乳酸はグルコースやグリコーゲンと同様にエネルギー源の 1 つであると考えることができる。乳酸はむしろ使いやすいエネルギー源であり、十分な酸素の供給が得られる運動強度であれば運動中において積極的にミトコンドリアの中に取り込まれ利用される。

（2）乳酸による運動強度の把握

血中や筋中の乳酸値は先述した産生と除去のバランスによって決定する。運動強度を漸増しながら運動をする場合、ある一定の運動強度を超えるとその個人においてのつらい状況が徐々に始まり、解糖系への依存が高くなり始める。解糖系への依存の程度は血中乳酸値に反映されるため、スポーツの現場では血中の乳酸を携帯型測定器で測定することによって運動強度(つらさ)を客観的に把握することが行われている。

（3）乳酸値に影響を与える因子

　乳酸は運動強度を推し量る上で優れた指標の1つであるが、運動強度以外の影響も受けるので注意が必要である。1つは筋グリコーゲン量である。乳酸は糖質の代謝産物なので、源となる糖質、特に筋グリコーゲンの量が多ければ乳酸は産生されやすくなり、少なくなれば産生されにくくなる。たとえばマラソンのような持久運動の後半においては、筋グリコーゲン量が大きく低下しているのでつらくても乳酸は産生されにくくなる。また糖質を十分に摂取しないで運動を行う場合や、運動後に十分な回復をしないで再度運動を行う場合も同様である。2つ目の因子は筋線維組成である。速筋線維は基本的に筋グリコーゲン量が多くミトコンドリア量が少ないので、乳酸を出しやすく乳酸を除去しにくい性質を有する。一方、遅筋線維は筋グリコーゲン量が少なくミトコンドリア量が多いので、乳酸を産生しにくく除去しやすい性質を有する。そのため、瞬発系アスリートの血中乳酸値は上がりやすく持久系アスリートにおいては上がりにくい性質となる。このような理由から、運動をした際の乳酸値を他人と比べることにはあまり意味はなく、同じ個人内において、同じような食事状況や運動状況下によって比較することが望ましい。

4　エネルギー源としての蛋白質

　これまでに糖質と脂質を中心にエネルギー代謝を説明してきたが、蛋白質もエネルギー源としての役割の一端を担っている。食事によって摂取された蛋白質はアミノ酸にまで分解されて小腸より吸収され、骨格筋において取り込まれたアミノ酸はミオシンなどの構造物や酵素などの材料として使われる。同時に、アミノ酸は骨格筋内において有酸素系によるATPの再合成の材料としても利用される。アミノ酸はアミノ酸の種類によって有酸素系で利用される過程は若干異なるが、最終的には糖質や脂質と同様にTCA回路と電子伝達系で処理される。

　運動中、筋蛋白質は少なからず分解が促進してしまう。また、その分解の程度は筋グリコーゲンや血糖が低下している場合に多くなってしまう（図2-10）[2]。しかしながら、一般的な運動条件や食事をしている場合、アミノ酸の有酸素系によるATP再合成の割合は総エネルギー消費量の数％と低いので、エネルギー消費量を計算する際にはアミノ酸由来を便宜的に加味しない場合が多い。

図 2-10　運動による蛋白質（アミノ酸）の分解

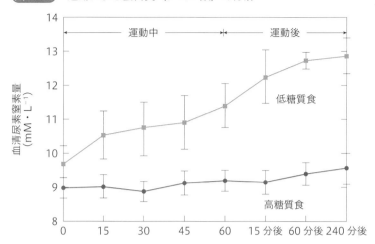

出典　Lemon PW, Mullin JP. Effect of initial muscle glycogen levels on protein catabolism during exercise. *J Appl Physiol*. 48(4):624-629, 1980.

血清尿素窒素量は蛋白質分解量の指標の1つである。試技の日の前に低糖質食を3日間摂取しておいた場合（低糖質食）、61% $\dot{V}O_2$max の持久運動を行うと、蛋白質分解量が時間とともに促進した。

4　エネルギー代謝と疲労

　運動の遂行において、疲労はパフォーマンスを低下させるのでアスリートとすれば可能な限り避けたい事象である。疲労の要因は複数存在し、かつ運動の様式の違いによって異なる。食事やトレーニングによってそれらに対応していくためには、その運動様式において、疲労の要因は何であるのかを理解しておくことは極めて重要である。

1　持久運動

　すべての運動様式において、糖質と脂質はエネルギー源として利用されるが、脂質は身体に豊富な貯蔵があるので、理論上、いわゆる"エネルギー切れ"にはならない。一方、糖質はその貯蔵量が限られていることから"エネルギー切れ"になる可能性がある。先述したように、骨格筋に含まれている筋グリコーゲンは運動中に利用される糖質源となる。図 2-11 は、運動前の筋グリコーゲン量と、高強度（75% $\dot{V}O_2$max）の持久運動を疲労困憊まで行った際の運動時間との関係を示している。運動を行う3日前から、糖質の含まれる量の違う食事を摂取することによって筋グリコーゲン量を変化させて、その後に運動を行った。その結果、運動前に筋グリコーゲン量が多い

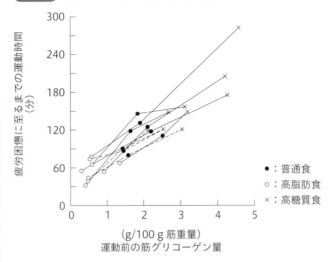

図 2-11 筋グリコーゲン量と運動時間

出典　Bergström J, Hermansen L, Hultman E, Saltin B. Diet, muscle glycogen and physical performance. *Acta Physiol Scand.* 71 (2):140-150, 1967.

試技の日の前に糖質の量が異なる食事を数日間摂取することによって試技の前（安静時）における筋グリコーゲン量を変化させた。その後、75% $\dot{V}O_2$max の持久運動を行うと、試技の前に筋グリコーゲン量が多いほど疲労困憊に至るまでの時間が長くなった。

ほど、長く運動を継続できることが報告された[3]。つまり、持久運動、特に高強度の持久運動においては、筋グリコーゲンの枯渇は疲労要因になることを示しており、運動前に筋グリコーゲン量を多くすることができれば競技パフォーマンスにおいて大きくプラスに働くと理解できる。

2 ｜ 全力運動

　運動強度が上昇すると総エネルギー消費量に対する糖質の利用割合が高くなることは先述したとおりである。運動強度が 100% $\dot{V}O_2$max に近づく、もしくはそれを超えて陸上競技の 100 m 走のような全力走では、筋グリコーゲンの消費速度は 70% $\dot{V}O_2$max の時に比べて著しく増加をする。しかし、疲労困憊時においても筋グリコーゲンは必ずしも枯渇していない。言い換えれば、全力走のような運動では筋グリコーゲンの枯渇は疲労要因ではなく、

図 2-12　筋疲労と筋小胞体

骨格筋細胞

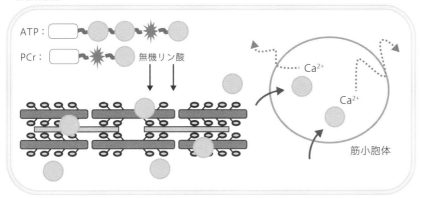

ATP や PCr が大量に分解して無機リン酸が細胞内に蓄積してくると、筋小胞体の中にまで無機リン酸が入り込んでしまい、カルシウムイオンの放出を抑制してしまう。

ほかの要因によって疲労が生じていることを意味している。このように、運動の種類によって疲労となる要因は異なり、運動前に筋グリコーゲンを増やすことができても、全力走のような運動においては競技パフォーマンスが向上しないと理解することができる。

　陸上競技の 100 m 走のような全力運動における疲労要因は複数存在する。1 つは PCr の枯渇である。PCr が枯渇すると極めて速い速度で消費される ATP を再合成することができなくなり、その運動強度では運動を継続できなくなる。また、ATP が ADP になる際に、また PCr から Cr になる際にそれぞれから外された無機リン酸が細胞の中に蓄積してしまうことも疲労をもたらす（**図 2-12**）。無機リン酸の蓄積は筋収縮にともなう筋小胞体からのカルシウムイオンの放出を阻害するので筋収縮を継続することができなくなってしまう。

　一方、代謝的な要因以外によっても疲労がもたらされる場合がある。重いものを持ち上げるなど、全力での力発揮を繰り返す際には、筋線維と神経の接合部・筋細胞における活動電位の伝達が低下することに加え、脊髄レベルでの運動神経細胞の興奮性も減弱することによって、全力での力発揮を阻害することになる。

5 エネルギー代謝とトレーニング

　速く走る、速く泳ぐなど、物理的な物体の移動を短時間に行うにはATPの消費速度が向上する必要があり、また、それを持続するにはATPの貯蔵量が増大する必要がある。しかしながら、トレーニングをしてもATPの貯蔵量はほとんど変化しないか微増程度に留まる。つまりトレーニングは、ATPを再合成するためのエネルギー源をより多く身体に蓄え、また、そのエネルギー源を使いたい時に最大速度で利用できる適応を身体に与えることであると理解できる。

1 エネルギー貯蔵量とトレーニング

　PCrは高強度運動において主要なエネルギー源になるので、高強度運動であるウェイトトレーニングやスプリントトレーニングをしていくと適応として貯蔵量が多くなっていくことを期待してしまう。しかしながら、ATPと同様に、トレーニングがPCrの貯蔵量に与える影響は大きくなく、変化なし、もしくは微増程度しか示さない。一方、筋グリコーゲン量は、これらのトレーニング様式によって有意に増加していくことが知られている。

　通常トレーニングをしていくと、トレーニング様式にかかわらず内臓脂肪量や皮下脂肪量の減少など、身体の体脂肪量が減少していくことはよく知られている。この減少とは対照的に、骨格筋に含まれる中性脂肪量はトレーニングによって増加していく。運動中は骨格筋の中の中性脂肪もエネルギー源として利用されるので、この適応も運動の遂行によい適応であると考えられている。

2 エネルギー基質の利用とトレーニング

　筋グリコーゲンは限られたエネルギー源であると同時に、ATPの再合成速度が速い有用なエネルギー源である。そのため、筋グリコーゲンが主要なエネルギー源になる陸上競技の400m走のような競技においては、同じ時間内により多くの筋グリコーゲンを利用できる状況のほうが望ましい。トレーニングにより筋グリコーゲン量が増加することに加え、筋の緩衝能力や疲労耐性の向上から筋グリコーゲンをより使えるような身体に変貌を遂げる。そのため、400m走のような競技を最大速度で行った際には、血中乳酸値

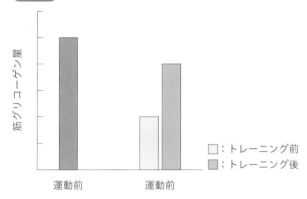

図 2-13　筋グリコーゲンの節約効果

トレーニングを行うと、同じ持久運動を同じ速度で行った場合、運動後に筋グリコーゲンはたくさん残存している（節約効果）。（概念図）

がより高いレベルに達するほど解糖系に依存したエネルギー発揮ができるようになったと解釈される。

　一方、持久運動では、限りあるエネルギー源である筋グリコーゲンをできるだけ節約できるほうが望ましい。持久トレーニングは、持久運動を行った際における筋グリコーゲンの消費量を低下させる（図2-13）。この筋グリコーゲンの節約効果が生じる理由の1つは、トレーニングによる脂質の分解能力と脂質の利用能力の亢進である。筋グリコーゲンの節約効果はその運動における解糖系への依存度が低下したことを意味しており、トレーニング前と同じ運動をした際の血中乳酸値を低下させることになる。

　血中乳酸値は代謝的なトレーニング効果を把握する上で重要な項目となりうるが、最大運動の際と最大運動下においてはその意味が異なることを理解する必要がある。

3　骨格筋への酸素や栄養素の供給に与える トレーニングの影響

　運動中、骨格筋はエネルギーを大量に消費する場所であるため、その場所に血液を通じてエネルギー源や酸素をより効率的に運ぶことができれば運動能力の亢進につながる。骨格筋では1つの筋線維に対して複数の毛細血管が添えられており、筋線維に沿って網の目様のネットワークが構築されている。トレーニングを行うと、数週間で毛細血管数は2倍程度の増加にまで至る。また、酸素を受け取る側の筋細胞内においても、トレーニングによって酸素の貯蔵に働くミオグロビン量が増加する。

4 ミトコンドリアとトレーニング

　ミトコンドリアは骨格筋における巨大なエネルギー工場であるので、その規模や稼働率が上昇すれば運動の遂行に有利に働くことは容易に想像ができる。持久トレーニングはミトコンドリアのサイズや数を増加させたり1つあたりの機能や効率を向上させたりする。この適応が生じる期間は比較的早く、早ければ1週間程度のトレーニングによって増加し、1～2か月くらいでおよそ最大になる。トレーニング効果に対する時間と強度の関係をヒトで検討することは方法論的に容易ではない。しかしながら、ラットを用いた実験の報告では（図 2-14）、同じ時間の持久トレーニングを行うのであれば、運動強度が高いほうがその適応の程度は大きくなること、また、運動強度が高ければ、より短い時間で高いレベルの適応を得ることができることを認めている[4]。関連して、低強度の運動では、長い時間運動を行ってもミトコンドリアの適応が得られていないことも見逃すことはできない。このような運動強度と適応の関係は、ほかのトレーニング効果においても多くの項目で同様な傾向を示す。

図 2-14　トレーニングの様式とミトコンドリア量の変化

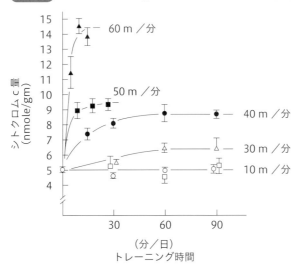

出典　Dudley GA, Abraham WM, Terjung RL. Influence of exercise intensity and duration on biochemical adaptations in skeletal muscle. *J Appl Physiol*. 53:844-850, 1982.

シトクロム c 量はミトコンドリア量のマーカーである。ラットに 8 週間のトレーニングをそれぞれの強度・時間で負荷した結果、ミトコンドリアを増加させるためには、時間よりも強度の要因が強かった。低い強度でほとんど増加しないことは注目すべきである。

引用文献

1 ）Romijn JA, Coyle EF, Sidossis LS, Gastaldelli A, Horowitz JF, Endert E, Wolfe RR. Regulation of endogenous fat and carbohydrate metabolism in relation to exercise intensity and duration. *Am J Physiol.* 265:E380-391, 1993.

2 ）Lemon PW, Mullin JP. Effect of initial muscle glycogen levels on protein catabolism during exercise. *J Appl Physiol.* 48（4）:624-629, 1980.

3 ）Bergström J, Hermansen L, Hultman E, Saltin B. Diet, muscle glycogen and physical performance. *Acta Physiol Scand.* 71（2）:140-150, 1967.

4 ）Dudley GA, Abraham WM, Terjung RL. Influence of exercise intensity and duration on biochemical adaptations in skeletal muscle. *J Appl Physiol.* 53:844-850, 1982.

学びの確認

（　　　　　）に入る言葉を考えてみよう。

①グリコーゲンは、主に骨格筋と（　　　）に貯蔵されている。

②有酸素系の短所は ATP の再合成速度が（　　　）ことである。

③（　　　）線維は筋グリコーゲン量が少なくミトコンドリア量が多いので、乳酸を産生しにくい。

④運動前に筋グリコーゲン量が（　　　）ほど、高強度の持久運動を長く継続することができる。

⑤骨格筋に含まれる中性脂肪量はトレーニングによって（　　　　）していく。

⑥筋疲労の要因の1つとして（　　　　　）の蓄積が挙げられる。この蓄積は、筋小胞体からのカルシウムイオンの放出を阻害し、筋収縮を継続しにくくしてしまう。

⑦持久トレーニングはミトコンドリアの（　　　　）や（　　　）を増加させたり1つあたりの機能や効率を向上させたりする。

運動と栄養

なぜこの章を学ぶのですか？

　運動の際の生理反応は栄養状態に大きく依存します。運動と栄養はまさしく自動車の両輪であり、栄養状態を上手に制御できれば運動パフォーマンスは向上する一方、制御できなければいかにトレーニング内容が素晴らしくてもパフォーマンスは低下してしまうからです。

第3章の学びのポイントは何ですか？

　糖質は限られたエネルギー源ですが、食事の仕方によって身体の貯蔵量を増やすことができます。栄養素の摂取は量・質・タイミングが重要な要因になります。

＼ 考えてみよう ／

① 運動後の糖質摂取、糖質はどの種類の糖質でも大丈夫？

② "良質な蛋白質" はどれを摂取しても同じ？

1 食べること・生きること

“栄養”とは生体と食物の相互作用を示す包括的な言葉であり、“栄養素”とは実際に作用を引き起こす物質である。運動と栄養の間には相互作用が存在するため、栄養の知識が運動生理学において果たす役割は大きい。

1 栄養と栄養素

　“生きている”状態とは、代謝によって身体を構成する分子が移り変わることであり、単細胞生物からヒトに至るまで共通する概念である。細胞の外から必要な分子を取り入れる際、また、細胞の外へ不要な分子を排出する際、単細胞生物であれば細胞膜をはさんで物質の出入りさえあればそれは成し得る。しかし、ヒトを含む高等生物においてこの過程はそんなに簡単ではない。食物から必要な分子を消化管に取り入れ、分子を絞り出しやすいように処置し、そして吸収し、不要な分子はさらに消化管を通りながら排出をしなければならない。栄養とは、消化・吸収・排出・代謝の過程で生じる生体と食物の相互作用を包括的に示す言葉である。

　一方、栄養素とは、実際に栄養に役立つ物質であり、私たちが摂取する食物の中に含まれている。一般的には糖質・蛋白質・脂質・ビタミン・ミネラルの 5 大栄養素に加え、水・食物繊維やフィトケミカル（ポリフェノールやカロテノイド等）などの健康に好ましい影響を与える物質のことを示す。

2 食物の確保と身体の進化

　長い進化の歴史の中で、野生動物は食べたい時に獲物を食べられるわけではないので、身体に栄養を貯蔵するいくつものしくみが備わってきた。狩りにおいて、瞬発的に獲物に襲いかかる短期勝負型の動物は筋グリコーゲンを多く貯蔵し、持久勝負型の動物は脂質の貯蔵とその利用に長ける能力を有する。狩り（運動）が終わると次の狩りでエネルギー不足にならないように身体の準備が整えられ、狩りが失敗しても何とか命をつなぐしくみも発達した。現代人において、このような“食料がない”状況に直面する場面はまれであるが、運動中や運動後など、食料がない時のような“エネルギー不足”に直面する。また、トレーニングによってエネルギー不足になるような運動を繰

り返すと、次の運動がより楽になるように身体の準備が整えられる。このエネルギー不足の程度は運動強度や運動時間に関連し、運動前の栄養状態やトレーニング状態にも影響を受ける。このように、運動と栄養は深い相互関係を示すのである。

2 糖質

持久運動中に血糖値を高く維持すると筋グリコーゲンの消費が少なくなる。運動後において血糖値の上がりやすい糖質の摂取は筋グリコーゲンの回復を促進する。筋グリコーゲンの超回復やグリコーゲンローディングは筋グリコーゲン量を増加させる。

1 糖質（概要）

　典型的な日本人の食事においては、1日の総摂取カロリーに占める糖質の割合は 50 ～ 60％程度であり、そのほとんどをデンプンとして摂取している。デンプンはグルコースがグリコシド結合によっていくつもつながった栄養素であるため、摂取すれば血糖値（グルコース）が上昇する。そのため、摂取する糖質の量が多ければ血糖値はより高く上昇し、それが持続する時間も長くなる。デンプンやその他糖質の消化の速度は、糖質の種類・食品に含まれるほかの栄養素の存在などに影響され、摂取した後に吸収される場所である小腸に移動する速度が遅い場合や、小腸でグルコースにまで分解される時間が長い場合には、摂取後に血糖値が上昇を始めるまでの時間は遅くなり、その血糖値の最大値は低くなる。

　糖質や糖質を含む食品を摂取した際の"血糖値の上がりやすさ"を示す指標の1つとして、グライセミックインデックス（Glycemic index：GI値）がよく知られている。この数値は、これらを摂取した後の血糖値が描く面積を、グルコースを摂取した場合を 100 として相対的に表している（図 3-1）。

図 3-1　グライセミックインデックス

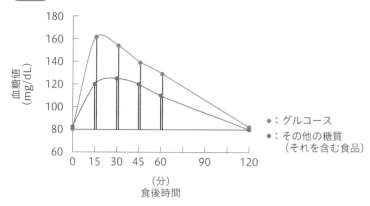

糖質やそれを含む食品を摂取した場合における血糖値の変化を面積（積分値）として表す。グルコースの場合を 100 とした際、それ以外の場合を相対値として示した値をグライセミックインデックスと呼ぶ。値が高いほうが糖質の摂取後に血糖値が上がりやすいことを意味する。

2　血糖値の維持と運動

　運動中、骨格筋は血糖を取り込みながら運動を継続していくが、運動が始まっても血糖値に変化が認められない場合が多い。なぜならば、血糖値が低下しないように肝臓が肝グリコーゲンを分解して血糖を放出し続けているからである。しかしながら、時間の経過にともない肝グリコーゲンが消費されていくと血糖値は徐々に低下を示すようになる。

　一般的に血糖値の低下そのものが疲労困憊の要因に至るような運動様式は、1 時間以上も運動を続けるような様式で、かつ運動中に糖質の補給がしにくい様式の場合、もしくは糖質を十分に摂取していなかった状態で運動を始めた場合などに限られる。マラソンで時々現れる意識朦朧となるような状況は、脱水のほか低血糖が発生要因の 1 つになる。

　運動中に糖質を摂取すると持久運動における疲労困憊までの時間が延長するなど、持久パフォーマンスを向上させることは古くから知られている。その理由の 1 つは、運動中に糖質を摂取して血糖値が通常より高い状態が続くようにすると、運動中に骨格筋に取り込まれる血糖の量は多くなり、結果として運動中の筋グリコーゲンの消費を少なくすることができるからである（筋グリコーゲンの節約効果）[1]。なお、糖質の摂取による筋グリコーゲンの節約効果を認めない報告においても持久能力の亢進が生じることも報告されているので、ほかの理由の存在も推察されるが、その 1 つは血糖値の低下の抑制に関連した中枢性疲労（脳や神経の活動に由来した疲労）の抑制作用であると考えられている。

3 糖質の種類と筋グリコーゲンの回復速度

　筋グリコーゲンは運動によって低下してしまうが、その量が最大に回復するには運動後 24 ~ 48 時間程度の時間を要する。しかしながら、試合の予選が午前中で決勝が 4 時間後など 1 日のうちに複数回本番の試技がある場合、最大回復までには至らないものの、この短い時間においてできる限りの筋グリコーゲンの回復に努めることは重要である。

　図 3-2 に運動後に摂取する糖質の GI 値の違いが筋グリコーゲンの回復に与える影響を示した[2]。GI 値の高い糖質のほうが摂取後に素速く血糖値が上昇するのでいち速く組織に血糖を供給することができる。運動後に果糖（GI 値：19）を摂取した場合に比べ、グルコース（GI 値：100）やシュクロース（GI 値：68）を摂取した場合のほうが筋グリコーゲンの回復が速いことがわかる。

　このように、スポーツの現場においては"糖質の素速い補給"という名目で GI 値の高い糖質が好まれ、万能であるかのように考えられる場合が多い。一方、GI 値が高い糖質は、血糖値が速く上昇しやすいが低下するのも速い性質を有する。この性質を"消化がよい"と肯定的に考えることもできるが、"おなかがすきやすい"とも考えることができる。よって、長い時間糖質の補給が難しい競技においては、GI 値の低い糖質を摂取したほうがいわゆる"腹持ち"がよく、長く血糖値を維持することが可能となる。

図 3-2　運動後の糖質の摂取と筋グリコーゲンの回復

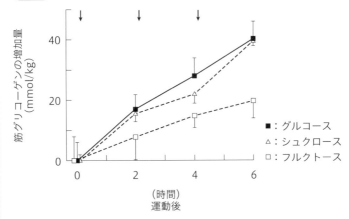

出典　Blom PC, Høstmark AT, Vaage O, Kardel KR, Maehlum S. Effect of different post-exercise sugar diets on the rate of muscle glycogen synthesis. *Med Sci Sports Exerc*. 19(5):491-496, 1987.

運動後に糖質を複数回摂取（↓）させた場合、GI 値の高い糖質の摂取は筋グリコーゲンの回復を促進させた。

4　糖質を摂取するタイミングと筋グリコーゲンの回復速度

　運動後に筋グリコーゲンを素速く回復する目的において、高 GI 値である糖質を摂取することは望ましい。しかしながら、いつ糖質を摂取してもよいわけではない。 **図 3-3** に運動後における糖質の摂取タイミングの違いが筋グリコーゲンの回復に与える影響を示した[3]。運動後 4 時間の間に摂取している糖質の量は同じであるにもかかわらず、運動直後に糖質を摂取したほうが筋グリコーゲンの回復が速い。このように、同じ栄養素であっても、摂取するタイミングが異なれば違う効果となって現れてくる。なお、運動によって筋グリコーゲンを減らし、その後適切な量の高糖質を摂取して回復をさせると、筋グリコーゲンは運動前のレベル以上に回復する。この現象は"筋グリコーゲンの超回復"と呼ばれており、次に示すグリコーゲンローディング法とあわせて、筋グリコーゲンの貯蔵量を多くするための効果的な方法としてスポーツ栄養の分野ではよく知られている。

図 3-3　運動後の糖質の摂取のタイミングと筋グリコーゲンの回復

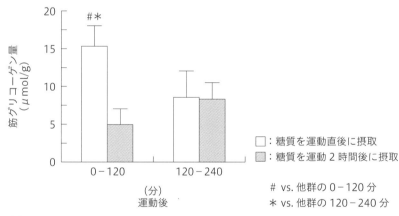

出典　Ivy JL, Katz AL, Cutler CL, Sherman WM, Coyle EF. Muscle glycogen synthesis after exercise: effect of time of carbohydrate ingestion. *J Appl Physiol*. 64(4):1480-1485, 1988.

運動後に糖質を摂取する場合、運動直後の摂取は筋グリコーゲンの回復を促進させた。

5　筋グリコーゲンを食事のみで増やす方法

　運動による筋グリコーゲンの超回復現象のほか、食事のみによっても筋グリコーゲンを増加させることができる。通常一般的な食事では総摂取カロリーの 50 ～ 60％程度を糖質で摂取している場合が多い。この糖質の比率を主要な試合の前に 3 日間ほど 70％以上に引き上げ摂取すると、筋グリコー

ゲンを大きく増加させることができる（図 3-4）[4]。この現象はグリコーゲンローディング法と呼ばれており、細部の修正を経ながら現在では上記の方法が行われている。

図 3-4　グリコーゲンローディング法

	4 日前まで	3 日前から試合まで
A 方法	低糖質食 （糖質 15%）	高糖質食 （糖質 70%）
B 方法	中糖質食 （糖質 50%）	高糖質食 （糖質 70%）
C 方法	中糖質食 （糖質 50%）	中糖質食 （糖質 50%）

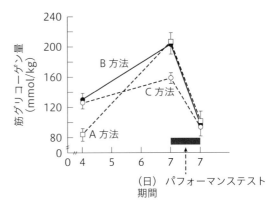

出典　Sherman WM, Costill DL, Fink WJ, Miller JM. Effect of exercise-diet manipulation on muscle glycogen and its subsequent utilization during performance. *Int J Sports Med.* 2(2):114-118, 1981.

一般的な食事から、高糖質食を 3 日間摂取すると筋グリコーゲン量は顕著に増加した。

3　脂質

　身体に含まれる脂質の大部分は中性脂肪である。食品によって中性脂肪に含まれる脂肪酸の種類は異なる。脂質の多い食事の摂取は中性脂肪量の貯蔵量を増やすだけでなく、ファットアダプテーションと呼ばれる適応を引き起こす可能性がある。

1　脂質（概要）

　脂質である中性脂肪はグリセロールに脂肪酸が 3 つ結合した構造をしており、その脂肪酸は 20 を超える種類が存在している。脂質とは中性脂肪のほかにコレステロールやリン脂質なども含む用語であるが、食事によって摂取している脂質の 90% は中性脂肪であるため、一般的に脂質とは中性脂肪のことをさす。関連して、脂質のエネルギー代謝における"脂質を使う"とは、一般的には組織に蓄えられた中性脂肪が分解して消費されることをさし、細胞膜を構成するリン脂質など、中性脂肪以外の脂質を含まない。

　脂質はエネルギー源としての働きのほか、細胞膜やホルモンなど、身体を構成する材料としての役割を担う。また、身体を脂質で覆うことによって体

温の維持を補助し、物理的な衝撃から身体を保護する。

　血糖値は空腹感を低下させる調節因子の 1 つであることはよく知られているが、脂質も同様の働きを担う。そのため、厳しい減量の際など、極端に脂質の摂取を制限してしまうと摂取カロリーの減少分以上に減量がつらくなってしまう場合がある。

2　脂肪酸の種類

　脂肪酸は構造上の違いから飽和脂肪酸と不飽和脂肪酸に大別できる。概して、飽和脂肪酸はラードなどの動物性脂肪に、不飽和脂肪酸はコーン油などの植物性脂肪に多く含まれる。魚は動物ではあるが、魚油は不飽和脂肪酸を多く含む。不飽和脂肪酸の中にはヒトの体内では合成できないリノール酸、エイコサペンタエン酸（EPA）、ドコサヘキサエン酸（DHA）などの脂肪酸が含まれており、必ず摂取しないといけない脂肪酸であることから必須脂肪酸と呼ばれている。

　EPA や DHA は魚以外の食品にはほとんど含まれていない。また、リノール酸は植物油以外にはほとんど含まれていない。このように、食品に含まれる脂質の量が同じであってもそれを構成する脂肪酸の種類は大きく異なるのである。

　たとえば、体脂肪量を気にするアスリートは肉の調理の際にも油を使用しなかったり、から揚げの衣をはがして摂取したりするが、この場合、リノール酸の摂取量が低下してしまう可能性がある。また、筋量を欲するアスリートは鶏胸肉を主たる肉源として摂取したりするが、この場合、魚を摂取する機会の少なさから EPA や DHA の摂取量が低下してしまう可能性がある。このような理由からも、摂取する食品は偏らず多くの品目からバランスよく摂取する重要性が読み取れる。

3　ファットアダプテーション

　脂質は体内に豊富にあるので、脂質を積極的に摂取しても運動の遂行においてプラスに貢献することはないようにも思える。しかしながら、身体には必要以上に多いエネルギー源が細胞のまわりにある場合、そのエネルギー源を積極的に利用してエネルギーバランスにおける恒常性を保つ機能が備わっている。一般的な食事において、脂質の割合は総摂取カロリーの 20％程度

であるが、その比率を 60％以上にして高脂質・低糖質食を 14 日間程度摂取すると、脂質の酸化能力が高まることが報告されている [5]。高脂質・低糖質の食事は筋グリコーゲンの低下をもたらすが、上記の現象は、大事な糖質の枯渇を防ぐため、脂質をより多く利用できる能力を獲得する適応の 1 つでもあり、ファットアダプテーションと呼ばれている。

　関連して、近年、筋グリコーゲンが低い状態で行うトレーニングは、トレーニングによるミトコンドリアの増加反応を増強し、筋持久力を増強することが報告されている [6]。このような効果は train-low と呼ばれ、アスリートの大きな関心を得ている。

4 蛋白質

　蛋白質を構成するアミノ酸は必須アミノ酸と非必須アミノ酸に大別される。必須アミノ酸の含有量は蛋白質の質を決定する要因の 1 つである。持久系アスリートにおいても必要な蛋白質量は増加する。

1 蛋白質（概要）

　蛋白質はアミノ酸がいくつも結合してつながり、立体的な形を成している化合物である。一般的にはアミノ酸の数が少ないペプチドや単体のアミノ酸を含んで“蛋白質”としている場合が多い。アミノ酸は、生体の中で合成できないので必ず摂取しなければならない必須アミノ酸と、体内で合成できるので必ずしも摂取しなくてもよい非必須アミノ酸の 2 つに大別することができる。ヒトの成人の身体を構成するアミノ酸は 20 種であり、必須アミノ酸は 9 種（ヒスチジンを含む場合）である。ヒトの体内に存在する蛋白質の種類は数万種以上といわれているが、ほとんどの蛋白質は 20 種類すべてのアミノ酸を用いて構成されているので、特に必須アミノ酸が不足してしまった場合にはそれがたった 1 つの必須アミノ酸であっても部品不足になってしまい、身体に与える影響は甚大になってしまう。食品の中に含まれる必須アミノ酸の量や比率はそれぞれ異なり、中には特定のアミノ酸の量が極端に少ない食品も存在する。健康のため、または筋量を増加させるためには十分な量の蛋白質を摂取することが必要であるが、“量”だけでなく“質”もまた重要な要因になる。

2 蛋白質の質

　蛋白質の質を示す指標は複数存在するが、中でも主要な指標の 1 つがアミノ酸スコアである。これは、理想とされるそれぞれの必須アミノ酸量を 100 とした場合、すべてのアミノ酸が理想の量を超えていた場合には 100、不足しているアミノ酸が複数ある場合にはもっとも低いアミノ酸の割合で表した値である。一般的なスポーツ店等で販売されているサプリメントとしてのプロテインは乳製品由来のカゼイン蛋白質やホウェイ蛋白質、大豆由来のソイ蛋白質が主流であるが、これらのアミノ酸スコアはすべて 100 を示しているため良質な蛋白質源と考えることができる。

　一般的に、アミノ酸スコアが 100 同士の比較であれば、いずれの蛋白質源を摂取してもその効果は同一であると考えられている。しかしながら、実際には同一ではない。蛋白質源の質を比較する検討では、げっ歯類の成長速度がよく用いられるが、ラットを用いた検討では、スコアが 100 である鶏卵由来の卵白蛋白質は、ほかのスコアが 100 である蛋白質源に比べて著しく骨格筋への同化作用が大きいことが報告されている（図 3-5）[7]。このような蛋白質源の違いが生理作用に与える影響に関しては、効果的なサプリメントの開発や食が細い高齢者に対する栄養処方の確立において、注目されるべき事案の 1 つである。

図 3-5　蛋白質の質

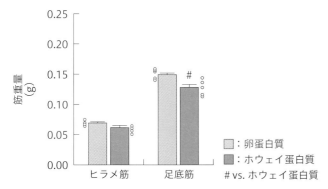

出典　Koshinaka K, Honda A, Iizumi R, Miyazawa Y, Kawanaka K, Sato A. Egg white protein feeding facilitates skeletal muscle gain in young rats with/without clenbuterol treatment. *Nutrients* 13（6）: 2042, 2021.

蛋白質源が異なると、その生理作用は異なる。卵蛋白質の摂取はラットの骨格筋をより大きく成長させた。

3 蛋白質の摂取量

　蛋白質の適切な摂取量に関しては定める学会等の団体、または個別の研究結果によって若干異なるが、非アスリートでは体重 1 kg あたり 0.8 g（0.8 g/kg）程度、アスリートでは 2 g/kg 程度と、アスリートでは非アスリートより多い蛋白質量を摂取することが推奨されている点では共通している。

　この"アスリート"とは、ボディービルダーのような、もしくは筋量を必要とする瞬発系の種目に従事する対象に限らない。たとえば、持久系アスリートにおいては 1.2 ～ 1.8 g/kg 程度の蛋白質の摂取が推奨されている。持久系アスリートはそもそも肥大しにくい遅筋線維を多く骨格筋に含んでいるので、ウェイトトレーニングをしてもボディービルダーのような体つきになるわけではない。しかし、持久運動中は少なからず筋蛋白質の分解が亢進してエネルギー源の一部となってしまうので、激しい持久トレーニングをしているアスリートほど、必要な蛋白質の摂取量は増加する。

4 蛋白質を摂取するタイミング

　1 日あたりとして推奨される蛋白質量の摂取量を確保するのは日常における食事によって行うことが中心になるが、摂取量や先述した質のほかに、摂取するタイミングもその効果を最大にするためには重要な要因になる。

　運動中は運動の様式にかかわらず筋蛋白質の分解は促進して、合成は抑制されている。これは蛋白質の合成にはエネルギーを消費するので、運動中に合成を行うことは運動をするにも蛋白質を合成するにも効率が悪いからである。運動後、筋蛋白質の合成は高まるので、この時に十分な材料（食事による蛋白質）を摂取することが望ましい。運動直後に蛋白質を摂取した場合と 2 ～ 3 時間後に摂取した場合の比較では、運動直後のほうが筋蛋白質の合成量、筋量・筋力の増大が高いことが報告されている（図 3-6）[8]。この点、糖質における運動後の筋グリコーゲンの回復の場合に類似した結果である。しかしながら、糖質は唾液のアミラーゼでほとんどデンプンをグルコースに分解できる一方、蛋白質は唾液ではなく胃液で最初の消化の過程を行う。そのため、消化器系への血流が低下している運動直後に大量の蛋白質を摂取することは望ましくない面も存在するため、運動直後における蛋白質の摂取は、アミノ酸などの蛋白質源がよいと考えられる。

　なお、蛋白質の摂取に関しては、運動直後の摂取であっても運動直前の摂

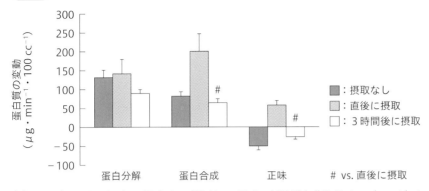

図 3-6　蛋白質の摂取のタイミング

■：摂取なし
▨：直後に摂取
□：3 時間後に摂取

蛋白分解　　蛋白合成　　正味　　# vs. 直後に摂取

出典　Levenhagen DK, Gresham JD, Carlson MG, Maron DJ, Borel MJ, Flakoll PJ. Postexercise nutrient intake timing in humans is critical to recovery of leg glucose and protein homeostasis. *Am J Physiol. Endocrinol Metab*. 280(6):E982–993, 2001.

運動直後に蛋白質を摂取すると、3 時間後に摂取するより正味の筋蛋白合成量が増加した。

取であってもその効果に差はないようである。一方、摂取する蛋白質源が蛋白質ではなくアミノ酸である場合、運動前での摂取がより有効であることを示す知見も存在している。この点、アスリートにとっては大変興味深い知見であり、さらなる情報の集積が望まれる。

5　ビタミンとミネラル

　ビタミンは水溶性ビタミンと脂溶性ビタミンに大別される。ビタミンやミネラルは、不足の状態では身体にさまざまな機能低下をもたらすが、過剰に摂取をしても機能向上をもたらす可能性は低い。

1　ビタミンとミネラル（概要）

　ビタミンやミネラルは、3 大栄養素である糖質・脂質・蛋白質のように熱量（エネルギー）を有している栄養素ではない。しかしながら、ビタミンやミネラルは 3 大栄養素を体内でエネルギーとして代謝するために必要な栄養素である。

　ビタミンは水に溶解しやすい水溶性ビタミン（ビタミン C・B 群等）と油に溶解しやすい脂溶性ビタミン（ビタミン A・D・E 等）に大別できる。水溶性ビタミンは体内に蓄積されにくいので過剰に摂取すれば容易に排出され

る。そのため、清涼飲料水などに添加されているビタミンは水溶性ビタミンが多く、過剰摂取による健康への危険性は極めて低い。一方、脂溶性ビタミンは体内に蓄積されやすいので、過剰摂取は健康被害を誘発してしまう場合もある。

　ミネラルは骨を構成するカルシウムやリン、ヘモグロビンを構成する鉄、細胞の興奮に機能するカリウムやナトリウム等を含む。

　ビタミンやミネラルは、通常の一般的な食事をしていれば多くの場合その摂取量が不足する可能性は低い。しかしながら、体重制限の際など、食事量を低下させた食生活を送っている場合にはその可能性は増大してしまう。また、強い偏食など、毎日ほぼ同じ内容の食事を繰り返したりする場合も同様である。健康で強靭な身体を養うためには、多くの食品をバランスよく摂取していくことが重要である。一方、カルシウムや鉄の摂取不足が発症の一要因となる骨粗鬆症や貧血症など、対象や環境によっては日常的な食事に加えて積極的なミネラルの摂取が求められる場合も存在する。

2　ビタミンと運動

　ビタミンは生体のさまざまな代謝に関連しているので、体内で著しく量が低下してしまうと健康障害や代謝異常が生じてくる。当然健康だけでなく運動にも少なからず影響を与えうるが、基本的に必要以上に多く摂取しても競技成績を向上させるような効果が得られるとは言い難い。そればかりか、抗酸化ビタミン（A・C・E）の過剰摂取はトレーニングによる骨格筋の適応を低下させてしまうことも指摘されており興味深い。一方、骨格筋に何かしらの機能低下が生じている状況下においてはビタミンの摂取によって機能改善に向かうことが報告されており、その改善は運動能力の向上も含む。たとえば、筋肉が損傷した際にはビタミンＤの摂取によって筋損傷からの回復が速くなることが報告されている[9]。これらの研究に関してはさらなる検討が必要である。

3 ミネラルと運動

　ミネラルもビタミンと同様に過剰摂取によって競技成績が向上する機能は期待できないが、摂取量の不足は運動能力を含む機能低下をもたらす可能性を増大させる。

　ミネラルの中でも、特に鉄はアスリートにとって関心の高い栄養素の1つである。貧血によって酸素を運搬するヘモグロビンの濃度が低下すると、アスリートの持久パフォーマンスが低下することはよく知られている。貧血にはいくつかの種類が存在するが、鉄の摂食量の不足による鉄欠乏性貧血症はもっとも発生頻度が高く、女性のアスリートに多く発生している。また、アスリートでは鉄の吸収率が低下している。この現象は、肝臓から分泌される鉄の吸収を阻害するヘプシジンと呼ばれるホルモンの分泌が、運動によって亢進することが関与するとの知見が集積しつつある。

　鉄欠乏性貧血症は一見わかりにくいので、予防するために日ごろから多くの鉄を摂取したいと思う選手の心理に反し、鉄の過剰摂取は持久パフォーマンスを向上しないばかりか活性酸素を増大して細胞障害が生じるリスクを増大させてしまう。貧血でないのであれば、過剰な鉄の摂取は避けるべきである。

　また、カルシウムも運動との関連が大きいミネラルである。持久走トレーニングを 32 km ／週以上の量で行うと下肢の骨密度が低下してしまうことが報告されている [10]。骨密度の低下は疲労骨折の要因になるので避けたいところではあるが、激しい持久運動を行っているアスリートに対して、特にカルシウムの摂取量が不足していない場合、カルシウムの摂取量を増やすことがどの程度疲労骨折のリスクを下げるかに関しては不明な点も多い。また、カルシウムの摂取量が不足している場合においても、骨の形成はカルシウムだけでなく蛋白質やミネラルであるリンの栄養素が必須であるため、ほかの栄養素に関してもバランスよく摂取していくことが疲労骨折の予防に重要である。

参考文献

1) De Bock K, Derave W, Ramaekers M, Richter EA, Hespel P. Fiber type-specific muscle glycogen sparing due to carbohydrate intake before and during exercise. *J Appl Physiol.* 102 (1) :183-188, 2007.

2) Blom PC, Høstmark AT, Vaage O, Kardel KR, Maehlum S. Effect of different post-exercise sugar diets on the rate of muscle glycogen synthesis. *Med Sci Sports Exerc.* 19 (5) :491-496, 1987.

3) Ivy JL, Katz AL, Cutler CL, Sherman WM, Coyle EF. Muscle glycogen synthesis after exercise: effect of time of carbohydrate ingestion. *J Appl Physiol.* 64 (4) :1480-1485, 1988.

4) Sherman WM, Costill DL, Fink WJ, Miller JM. Effect of exercise-diet manipulation on muscle glycogen and its subsequent utilization during performance. *Int J Sports Med.* 2 (2) :114-118, 1981.

5) Yeo WK, Carey AL, Burke L, Spriet LL, Hawley JA. Fat adaptation in well-trained athletes: effects on cell metabolism. *Appl Physiol Nutr Metab.* 36 (1) :12-22, 2011.

6) Hansen AK, Fischer CP, Plomgaard P, Andersen JL, Saltin B, Pedersen BK. Skeletal muscle adaptation: training twice every second day vs. training once daily. *J Appl Physiol.* 98 (1) :93-99, 2005.

7) Koshinaka K, Honda A, Iizumi R, Miyazawa Y, Kawanaka K, Sato A. Egg white protein feeding facilitates skeletal muscle gain in young rats with/without clenbuterol treatment. *Nutrients* 13 (6) : 2042, 2021.

8) Levenhagen DK, Gresham JD, Carlson MG, Maron DJ, Borel MJ, Flakoll PJ. Postexercise nutrient intake timing in humans is critical to recovery of leg glucose and protein homeostasis. *Am J Physiol. Endocrinol Metab.* 280 (6) :E982-993, 2001.

9) Barker T, Schneider ED, Dixon BM, Henriksen VT, Weaver LK. Supplemental vitamin D enhances the recovery in peak isometric force shortly after intense exercise. *Nutr Metab.* 10 (1) :69, 2013.

10) MacDougall JD, Webber CE, Martin J, Ormerod S, Chesley A, Younglai EV, Gordon CL, Blimkie CJ. Relationship among running mileage, bone density, and serum testosterone in male runners. *J Appl Physiol.* 73 (1) :1165-1170, 1992.

学びの確認

（　　　　　）に入る言葉を考えてみよう。

①糖質や糖質を含む食品を摂取した際の血糖値の上がりやすさを示す指標の１つとして、（　　　　　　　　　　　　）がよく知られている。

②健康のため、または筋量を増加させるためには十分な量の蛋白質を摂取することが必要であるが、量だけでなく（　　　）もまた重要な要因になる。

③運動によって筋グリコーゲンを減らし、その後適切な量の高糖質を摂取して回復をさせると、筋グリコーゲンは運動前のレベル以上に回復する。この現象を筋グリコーゲンの（　　　　）と呼ぶ。

④血糖値は空腹感を低下させる調節因子であることはよく知られているが、（　　　）も同様の働きを担う。

⑤ train-low とは、（　　　　　　　　）が低い状態で行うトレーニング方法で、筋持久力を増強するとされている。

⑥運動中は運動の様式にかかわらず筋蛋白質の分解は（　　　）して、合成は（　　　）されている。

⑦肝臓から分泌されて鉄の吸収を阻害する（　　　　　　）と呼ばれるホルモンの分泌は運動によって亢進する。このことは運動による貧血の発症に関与するとの知見が集積しつつある。

エネルギー消費量、身体組成と食事の実際

なぜこの章を学ぶのですか？

　運動に必要なエネルギーも、運動を可能にする身体をつくる材料も、食べ物の中にあります。「食べる」ことは運動や身体づくりに欠かせない条件であり、正しい栄養の知識は運動パフォーマンスの向上や怪我の予防、効率的な回復につながるからです。

第4章の学びのポイントは何ですか？

　エネルギー消費量の求め方や考え方、身体づくりの指標となる体重や身体組成の測定方法や管理方法を学びます。また、実際のアスリートの食事について、場面ごとに考えます。

考えてみよう

① エネルギー消費量は、毎日測定できる？
どんな方法なら可能？

② 身体づくりのために体脂肪率を管理するなら、どんな測定方法が適切？

③ 起きてから試合まで2時間しかない場合、いつ何を食べる？

1 消費エネルギー

消費エネルギーを知るには、計算式で推定する方法と実際に測定する方法がある。各方法の長所と短所を理解し、その場面に適した方法を選択できるようにしたい。

1 エネルギーを推定する

（1）1日の総エネルギー消費量を推定する

❶ 1日の総エネルギー消費量の構成

1日の総エネルギー消費量は、基礎代謝量（basal metabolic rate：BMR）、食事誘発性体熱産生（diet-induced thermogenesis：DIT）、身体活動によるエネルギー消費量で構成されている（図 4-1）。

基礎代謝量は、目が覚めている時に生命維持に必要な最低限のエネルギー量と定義されている。前日から 12 時間以上絶食し、早朝に安静仰臥位で目が覚めた状態で、快適な室温で筋肉の緊張を最小限にして測定される。BMR の個人差は、性別や年齢に関係なく除脂肪量で説明できるとされている。また、BMR と似た指標に安静時エネルギー消費量（resting energy expenditure：REE）があり、安静時代謝量（resting metabolic rate：RMR）も同義である。安静時のエネルギー消費量であることは BMR と同様だが、代謝を亢進させる食事などの影響を含んでおり、おおむね BMR の 1.2 倍程度とされている。

食事誘発性体熱産生は、食事によるエネルギーの増加で、消化、吸収、同化作用や交感神経の活性化により、食後 1 時間程度に顕著に現れる。

身体活動によるエネルギー消費量には、生活活動（労働、家事、通勤・通学など）と運動（計画的・意図的に実施する積極的な活動）が含まれる。

図 4-1　1日の総エネルギー消費量の内訳

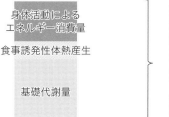

身体活動による
エネルギー消費量

食事誘発性体熱産生

基礎代謝量

一日の総エネルギー消費量

❷身体活動レベルと推定エネルギー必要量

　身体活動レベル（physical activity level：PAL）は、1日の総エネルギー消費量が基礎代謝量の何倍であるかを示す指標である。値が大きいほど身体活動量が多いことを示す（ 表4-1 ）。

 表4-1 　身体活動レベル別に見た活動内容の例

身体活動レベル	低い（Ⅰ）	ふつう（Ⅱ）	高い（Ⅲ）
	1.50 （1.40～1.60）	1.75 （1.60～1.90）	2.00 （1.90～2.20）
日常生活の内容	生活の大部分が座位で、静的な活動が中心の場合	座位中心の仕事だが、職場内での移動や立位での作業・接客等、通勤・買い物での歩行、家事、軽いスポーツ、のいずれかを含む場合	移動や立位の多い仕事への従事者、あるいは、スポーツ等余暇における活発な運動習慣を持っている場合

出典　厚生労働省「日本人の食事摂取基準（2020年版）」p.76を一部改変

　1日の総エネルギー消費量は1日の食事量を決定する上で不可欠な情報であるが、測定することは容易ではない。そのため、生活行動からおおよそのPALを決定し、基礎代謝量に乗じることで推定エネルギー必要量（estimated energy requirement：EER）を求める方法がある。以前は日本人の食事摂取基準でも採用されていたが、現在の日本人の食事摂取基準（2020年版）では、給食など集団に食事提供をする場合の参考資料として掲載されている。

> 推定エネルギー必要量（kcal/日）＝基礎代謝量（kcal/日）×身体活動レベル

（2）活動ごとのエネルギー消費量を推定する

　体重をコントロールする場合など意図的に身体活動を行う時、個々の活動がどのくらいのエネルギーを消費するのか知る必要がある。しかし、前述の推定エネルギー必要量を求める方法では、活動ごとのエネルギー消費量はわからない。

　こうした活動ごとのエネルギー消費量を推定する方法として、活動強度の指標であるMETs（metabolic equivalents）を用いた要因加算法がある。METsは各活動の単位時間あたりのエネルギー消費量を単位時間あたりの安静時代謝量で除して求められた指標であり（ 表4-2 ）、1METの強度の活動を1分行うと、体重1kgあたり3.5mLの酸素を消費するとされている。酸素1Lあたりのエネルギー消費量を5kcalとみなした場合、次の計算式で活動ごとのエネルギー消費量を推定できる。

> ある活動で消費されたエネルギー消費量（kcal）
> 　　　＝ある活動の METs ×体重 (kg) ×時間（h）× 1.05

表 4-2　各種身体活動の METs の例

項目	内容	METs	項目	内容	METs
睡眠		1.0	サッカー	全般 試合	7.0 10.0
安静	横になって作業する、座って静かにする	1.3	野球	全般	5.0
歩行	時速 3.2 km 未満 時速 4.0 km 時速 5.6 km 時速 6.4 km	2.0 3.0 4.3 5.0	水泳	クロール、68.6 m/ 分未満	10.0
			バレーボール	全般 試合	3.0 6.0
走る	時速 8 km 時速 9.7 km 時速 11.3 km 時速 12.9 km	8.3 9.8 11.0 11.8	バスケットボール	全般 試合	6.0 8.0
			ダンス	バレエ：モダン、ジャズ、全般 エアロビックダンス：全般	5.0 7.3
自転車	自転車に乗る　時速 16.1 km 未満 自転車競技（レース全般）	4.0 12.0	陸上	投擲、ハンマー投げ 幅跳び、高跳び	4.0 6.0
			テニス	ダブルス シングルス	6.0 8.0

出典　Ainsworth BE, Haskell WL, Herrmann SD, Meckes N, Bassett Jr DR, Tudor-Locke C, Greer JL, Vezina J, Whitt-Glover MC, Leon AS. 2011 Compendium of Physical Activities: A Second Update of Codes and MET Values. *Med Sci Sports Exerc*. 43(8):1575-1581, 2011.

2　エネルギー消費量を測定する

（1）間接法

エネルギーを産生する時に酸素が消費され、二酸化炭素が産生されることに基づいてエネルギー消費量を間接的に測定する方法を間接法という。呼気ガスを収集し、呼気量と呼気ガス中の酸素および二酸化炭素濃度を測定し、消費された酸素量と産生された二酸化炭素量を求める。通常はエネルギー摂取量が安定している蛋白質のエネルギー比率を 12.5％と仮定して、下記の Weir の式により算出する。

> エネルギー量（kcal/ 分）
> 　　　＝ 3.9 ×酸素摂取量（L/ 分）＋ 1.1 ×二酸化炭素産生量（L/ 分）

呼気ガスは下記のような方法で収集する。

❶分析器への直接導入

マスクやフードを用いて分析器に直接呼気を導入する方法である。分析器

とマスクやフードまでの距離に行動範囲が限られるため、基礎代謝量や安静時代謝量、トレッドミルを使用した運動時のエネルギー消費量などの測定に利用される。

❷ダグラスバッグによる呼気の収集

マスクにつながったダグラスバッグ（図4-2）に呼気を収集し、収集後に分析器に導入する方法である。ダグラスバッグの容量には限りがあるが、分析器から離れた場所でのエネルギー消費量を測定できる。基礎代謝量や安静時代謝量のほか、屋外での歩行時や軽い走行時の測定も可能である。

❸ヒューマンカロリメータ

ヒューマンカロリメータ（図4-3）とは、ホテルのシングルルーム程度の大きさの部屋の形態をした測定装置である。室内の空気の流量や酸素と二酸化炭素濃度の測定が連続的に行われるので、対象者は室内に滞在するだけでよく、自由な生活を送ることができる。比較的精度が高い測定方法だが、活動が室内に限られる。

図 4-2　ダグラスバッグ

図 4-3　ヒューマンカロリメータ

図 4-2 は筆者撮影、図 4-3 は筑波大学運動栄養学下山研究室より提供。

（2）二重標識水法

水素原子と酸素原子の安定同位体で構成された二重標識水（doubly labeled water：DLW）を用いる測定方法を二重標識水法という（図4-4）。対象者は二重標識水を飲んで尿を収集する以外は、自由な生活を送ることができる。対象者の負担が少なく、行動範囲や活動が制限されず、もっとも精度の高い方法であるが、測定できるのはある一定期間の1日のエネルギー消費量の平均値であり、個々の運動時のエネルギー消費量や平日と休日の違いなどを確認することはできない。また、安定同位体の販売価格は低下したものの、測定には専門的な知識や特別な測定器が必要となるため、日常的な測定には向かない。

図 4-4　二重標識水法の概要

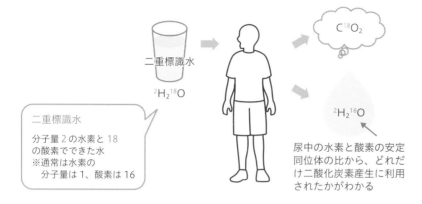

二重標識水

${}^2H_2{}^{18}O$

C${}^{18}O_2$

${}^2H_2{}^{18}O$

二重標識水
分子量 2 の水素と 18
の酸素でできた水
※通常は水素の
　分子量は 1、酸素は 16

尿中の水素と酸素の安定
同位体の比から、どれだ
け二酸化炭素産生に利用
されたかがわかる

（3）心拍数法

　中～高強度の運動時の心拍数が酸素摂取量と正の相関を示すことを利用し、1 L の酸素消費量が約 5 kcal のエネルギー消費量に相当することを前提としてエネルギー消費量を推定する方法を心拍数法という。心拍数と酸素摂取量の関係は個人ごとに異なるため、あらかじめ個人の関係式を作成するための予備測定が必要となるが、心拍数の測定機器を装着できればあらゆる活動時のエネルギー消費量を推定できる。ただし、安静～低強度の運動時は心拍数と酸素摂取量の相関が低いため、誤差が大きくなる。

（4）加速度計法

　身体活動にともなう身体の速度の変化が、エネルギー消費量と正の相関があることを利用してエネルギー消費量を推定する方法を加速度計法という。腰部等に測定器（歩数計など）を装着し、比較的長時間の測定が可能であることから、さまざまな生活場面におけるエネルギー消費量の推定が可能であり、日常的に利用できる方法といえる。この方法は平地での歩行や走行では精度が高いが、坂道での歩行走行、自転車やボートなど体幹部の動きが少ない運動では誤差が大きくなる。

2 体重と身体組成

体重は身体づくりの目安になるが、そのためには目的や根拠を明確にし、継続して定期的に測定することが大切である。また体重だけでなく、その組成をモニタリングすることが身体づくりの上で重要であるが、身体組成の測定方法にはそれぞれ長所と短所がある。

1 体重

（1）体重管理の目的

体重を管理する目的は、個人によって異なる。その目的は健康や容姿であったり、競技力の向上であったりするが、いずれも"ある体重"になることで個人の目的達成に近づくこととなる。そのため、"ある体重"の数値にのみこだわるのではなく、何のために体重管理を行い、どうしてその体重なのかを明確にすることが重要である。

（2）身体づくりのための体重測定

成人男性の場合、体重の約6割が水分とされ、さらに水分の身体への出入りは頻繁に起こるため短期間で増減する。したがって、短期間の体重の増減は水分によるものであることが多く、筋肉などの組織が増減しているわけではない。組織は時間をかけてゆっくりと変化するため、個人の目的を達成するための"身体づくり"をする際は、長期的な体重の推移を定期的にモニタリングすることが望ましい。

水分によって体重は容易に変化するため、身体づくりのための体重測定は、できるだけ水分の影響を受けにくいタイミングで、同じ条件で測定する必要がある（図4-5）。もっとも適しているのは起床時の排尿後、食事前のタイミングとされている。毎日測定することで前日や当日の行動と体重を結びつけやすくなるため、日々の体重を管理することは有用であるが、身体づくりの上では数日単位で体重の推移を把握し、身体がどのような方向に向かっているのか長期的にみていくことが重要である。

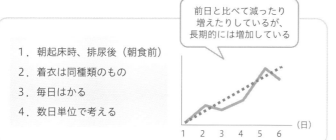

図 4-5　身体づくりのための体重測定

1．朝起床時、排尿後（朝食前）
2．着衣は同種類のもの
3．毎日はかる
4．数日単位で考える

前日と比べて減ったり増えたりしているが、長期的には増加している

（日）

2　身体組成

（1）身体組成とは

　身体を構成している成分とその量を、身体組成という。人体を構成する成分について、現在は脂肪組織と除脂肪組織に分類する 2 成分モデルが広く用いられている。脂肪組織にはエネルギーの貯蔵、保温や衝撃の軽減などのほか、生体膜やホルモンの材料になるなど生命維持に欠かせない役割があり、ゼロになることはない。また筋肉や骨などの除脂肪組織は、成長やトレーニングによって増加はするが、無限に増えるわけではない。望ましい組成は個人の目的によって異なり、個人の栄養、運動、休養の結果として脂肪量や除脂肪量の組成は変化していく。

（2）身体組成測定の方法と特徴

❶体密度法

　脂肪組織のほうが除脂肪組織よりも密度が小さいため、脂肪組織が多いほど身体全体の密度が小さくなる。体密度法は脂肪組織と除脂肪組織の密度が異なることを利用して、身体全体の密度を測定し、体脂肪を推定する方法である。求められた体密度を Brozek らの式や Siri の式（成長期の場合は Lohman の式*）に代入して推定する。いずれも一般人の脂肪組織と除脂肪組織の密度が 0.90 g/cm、1.10 g/cm であることを前提とする。

* 　Lohman の式
体脂肪率(%) = (5.30/体密度 − 4.890) ×100

> Brozek らの式
> 　　　　体脂肪率（%）＝（4.570/ 体密度− 4.142）× 100

> Siri の式
> 　　　　体脂肪率（%）＝（4.950/ 体密度− 4.500）× 100

体密度は体重を身体体積で除して求めることができる。体重は比較的容易に正確に測定できることから、体密度法の測定で根幹を成すのは身体体積の測定といってもよい。身体体積を測定する方法としては、水中体重秤量法と空気置換法がある（図 4-6）。

水中体重秤量法は「物体は水中でそれと同じ体積分の浮力を受ける」というアルキメデスの原理に基づく測定方法である。水に沈んだ物体は押しのけた水の重さだけ軽くなることから、水に潜った状態で体重を測定し、軽くなった分の重さの水の体積を身体体積とする。精度は高いとされるが、装置が大掛かりで高額、測定に高度な技術が必要であり、さらに肺の残気量を差し引くために息を最大限吐き出した状態で数秒間水中に潜らなければならないため、対象者の負担が非常に大きい。

空気置換法は「一定の温度で、一定量の気体の体積は圧力に反比例する」というボイルの法則に基づく測定方法である。密閉されたチャンバーに被験者が入り、チャンバー内に空気の圧をかけていく。身体体積が大きくチャンバー内の空気の体積が小さいほど同じ量の空気を入れた時の圧力が高まることを利用し、チャンバー内の圧変化から身体体積を算出する。水中体重秤量法と同様に装置が大掛かりで高額、測定に高度な技術が必要だが、チャンバー内に入るだけでよいので、対象者の負担は小さい。

❷二重 X 線吸収法（Dual-energy X-ray absorptiometry：DXA 法）

二種類のエネルギーの X 線が各組織を透過した時の減衰率から、体脂肪量だけでなく骨密度や骨塩量を測定する方法のことを二重 X 線吸収法（DXA 法）という。精度が非常に高く、対象者は測定台の上に普段着のまま仰向けに横たわればよいため、負担が大変小さい（図 4-7）。しかし装置は大掛かりで高額、測定に高度な技術が必要であり、さらに X 線を浴びることになるため、医療や研究以外の目的で繰り返し測定できる方法ではない。

図 4-6 水中体重秤量法と空気置換法

水中体重秤量法 空気置換法

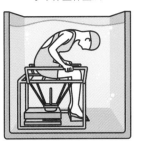

図 4-7 二重 X 線吸収法

DXA 法での測定風景

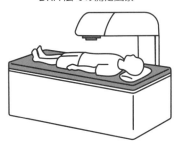

❸身体計測法

　身長、体重、皮脂厚、周径、長径、幅径の実測値を推定式に代入して身体組成を推定する方法である。このうち皮脂厚の測定には、皮脂厚計（キャリパー）と呼ばれる計測器で所定の皮脂をつまむ方法や、超音波で画像組織から皮脂の厚みを測定する方法がある。身体組成を推定するための皮脂厚の測定箇所は、肩甲骨下部と上腕背部の 2 か所であることが多い（図 4-8）。測定には技術を要するが、安価で対象者の負担も小さく、何度も測定できるというメリットがある。しかしながら、内臓脂肪や急激な増量・減量は皮脂厚に反映されないため誤差が大きくなる。身体計測法は全身の体脂肪率を求めることを本来の目的としていないことから、推定式へ代入するよりも、実測値を皮下脂肪量の指標として活用するほうが望ましい。

❹生体電気インピーダンス法（Bioelectrical Impedance Analysis：BIA 法）

　体内の水分が主に除脂肪組織中に存在していると仮定し、身体に微弱な電流を流し、そのインピーダンス（交流回路における電流の流れにくさ）から体脂肪量を求める方法を生体電気インピーダンス法（BIA 法）という。家庭用の計測器も数多く販売され、安価で装置の移動が可能であり、対象者の負担が少ないだけでなく、対象者が自分で測定できるため、自分で毎日のモニタリングができるという大きなメリットがある。しかしながらこの方法は体水分の影響を大きく受けるため、発汗時や飲水時、アルコール摂取時には精度が落ちることから、運動後や食事後は測定を避けるべきである。また体内の水分分布には日内変動があるため、毎回同じ時間帯に測定すること、電流の流れる距離が変わると誤差が大きくなるため、同じ姿勢で測定することなど、測定条件を整える必要がある。さらに、測定機器によって推定式や対象者の詳細が異なっており、機器の違いによって数値が大きく異なることがある。毎回同じ機器で測定し、1 回の測定値ではなく、繰り返し測定して推移をモニタリングすることが重要である。

図 4-8　皮脂厚計での測定

肩甲骨下部　　　　　　　　　　　　　　　上腕背部

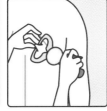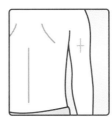

3 アスリートの食事

食事量は、消費エネルギーから暫定的に決定し、その後は体重や身体組成の推移をみながら調節する。基本の食事は一般の人と同様、朝食、昼食、夕食で主食、主菜、副菜、果物、牛乳・乳製品をできるだけそろえることで必要な栄養素をほぼ摂取できる。しかし3食でエネルギーや栄養素を十分にとれない場合は補食を積極的に活用することが必要であり、試合期の食事でも応用できる。

1 基本の食事

アスリートも人間であり、一般の人と基本的には食事や栄養の取り組みは変わらない。異なる点は、食事量と食事のタイミングである。アスリートは身体活動量が多いこと、また競技に適した身体づくりのため、一般の人よりも多くのエネルギーを必要とすることがある。また練習や試合時間によって、通常の食事の時刻に食べることができないこともある。

(1) 食事量の決定

1食でどのくらいの食事量が必要か（エネルギー必要量）は、先述したエネルギー消費量のみで決定することは難しい。なぜなら、エネルギー消費量の測定を正確に随時行うことは設備や技術面から困難であり、さらに環境や練習量、成長期かどうかなどによって、エネルギー消費量が日々変化するためである。したがって食事量は、エネルギー消費量の測定値または推定値から暫定的に決定し、体重や身体組成の推移をモニタリングしながら、目標とする体重や身体組成になるよう調節することが現実的である。

(2) 基本の食事

栄養管理された食事を毎日摂取できる環境に誰もがいられるわけではない。そのため、アスリート自身が食事選択やある程度の調理技術を身につけ、自己管理できるようになることが望ましい。詳細な栄養素や食品の知識よりも、毎日無理なくチェックし実行できる食事法を身につけることが継続につながる。前述したように、基本の食事は一般の人と変わらない。主食、主菜、副菜、牛乳・乳製品、果物の5つの料理を毎食そろえることで、必要な栄養素を摂取することが可能である（図4-9）。

　図 4-10 は、1 日のエネルギー必要量を 3,500 kcal とした時、昼食で摂取すべきエネルギー量と栄養素の量を 100％として、2 つの食事におけるエネルギーと栄養素の摂取状況をグラフで示したものである。主食と主菜だけの食事でもエネルギーはある程度確保できるが、主食、主菜、副菜、牛乳・乳製品、果物がそろった食事は、ビタミンおよびミネラルを含むすべての栄養素を無理なく摂取できることが示されている。

図 4-9　基本の食事と栄養素の役割

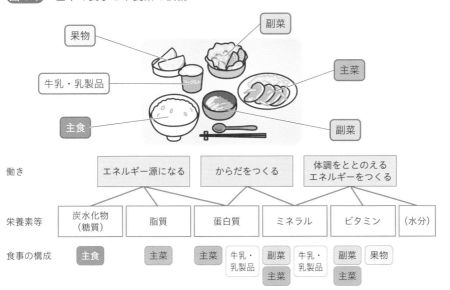

図 4-10　主食と主菜のみの食事と、すべての料理をそろえた食事のエネルギーと栄養素の比較

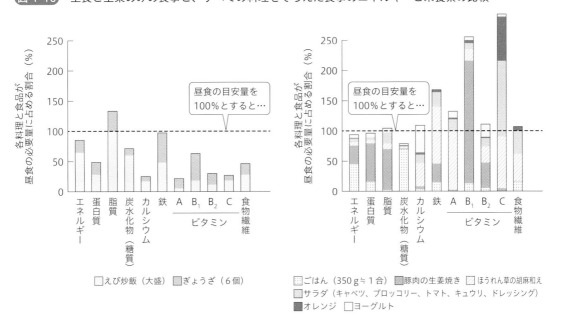

しかし、牛乳・乳製品や果物などは、毎食そろえることが難しい場合もある。そのような場合も、間食や後述の補食で摂取したり、1日1度は摂取したりするなど、できるだけ1日の中でそろえるよう心がけることが望ましい。

（3）補食

　補食とは、朝食、昼食、夕食の3度の食事では摂取しきれないエネルギーや栄養素を補うために必要な食事であり、単に食事と食事の間に摂取する間食とは区別される。アスリートは次のような場合に補食を積極的に利用する必要がある。

・多くのエネルギーを消費する場合
・一度にたくさん食べることのできない少食のアスリートの場合
・食事の時間に練習がある場合
・通勤や通学に時間がかかり、練習後から食事まで時間がかかる場合

　補食は、練習前と練習後で目的が異なり、摂取するものも異なってくる。練習前に摂取する場合は、練習中に空腹、脱水、満腹の状態にならないように、消化に時間のかかる蛋白質や脂質の多い食品は避け、炭水化物（糖質）を中心とした食品を選ぶ。練習後は消費したエネルギーの補給と効率的な身体づくりのため、炭水化物（糖質）とともに蛋白質を含む食品も取り入れることが推奨される。また、適宜水分補給することも必要である（図4-11）。

図 4-11　1日の食事と補食の例

2 試合期の食事

　大切な試合の時期の食事においてもっとも大切なことは、新しいことをしないことである。これまで十分試し、確実に効果が得られる自分なりの食事法を、試合期の前に確立すべきである。ここでは一般的な方法として、試合期を「試合前日まで」「試合当日」「試合後」の3つに分けて紹介するが、いずれもアスリート自身が事前に試し、自分にあった方法を模索することが推奨される。

（1）試合前日までの食事

　試合前は試合に必要なエネルギーを確保することが最優先されるが、不安や緊張のため、また競技によっては特別な食事調整が必要となり、消化吸収機能が低下することがある。そのため、運動時のエネルギー源として炭水化物（糖質）を主体とした消化のよい料理を選択し、必要以上に食べ過ぎないことに留意する。また 図 4-12 に挙げる食品は、普段は問題なくても試合前に消化吸収機能が低下している場合には消化器症状をきたす場合があるため、個人の消化吸収能力に応じて調整すべきである。

図 4-12　試合前に摂取量の調整を考慮すべき食品

脂質、蛋白質の多い食品　　生の食品　　食物繊維の多い食品　　刺激の強い食品

（2）試合当日の食事

　試合当日の食事の目的は、その日の最高の自分を引き出すことである。そのためには、試合開始時に空腹、満腹、脱水のない状態であることと、これを試合終了まで維持することが求められる。したがって、前述した試合前日までの食事とともに、試合時刻にあわせたタイミングで食事をとることが必要になる。

　朝食、昼食、夕食の3食を摂取する場合は、個人差はあるが消化にかかる時間を考慮して試合の3〜4時間前には摂取することが推奨される。しかし、試合まで3〜4時間もない、食事の時間帯に試合がある、試合と試

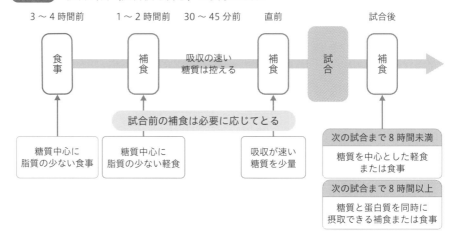

図 4-13 試合当日（試合後を含む）の食事の流れ

3 〜 4 時間前 　　1 〜 2 時間前 　 30 〜 45 分前 　 直前 　　　　　　 試合後

食事 　　　 補食 　 吸収の速い糖質は控える 　 補食 　 試合 　 補食

試合前の補食は必要に応じてとる

糖質中心に脂質の少ない食事

糖質中心に脂質の少ない軽食

吸収が速い糖質を少量

次の試合まで 8 時間未満
糖質を中心とした軽食または食事

次の試合まで 8 時間以上
糖質と蛋白質を同時に摂取できる補食または食事

合の間が短いなど、試合当日は通常の食事をとりづらいため、補食を積極的に活用すべきである。また、試合時刻にあわせて、試合当日の食事計画を事前に立てておくとよい（図 4-13）。

　この時、運動の 30 〜 45 分前に吸収の速い糖質（エネルギーゼリー、ブドウ糖タブレット、あめ、ラムネなど）を摂取すると、運動誘発性低血糖を生じる可能性があるため、摂取のタイミングに留意する。また、特に試合中に脱水が生じる可能性がある競技では、水分補給計画を立てておくことが望ましい。

（3）試合後の食事

　試合後の食事の目的は、失ったエネルギーや損傷した組織を速やかに回復させることである。同じ日に何度も試合が行われる場合は、消化吸収速度とエネルギー補給を優先するため、試合後なるべく早く炭水化物（糖質）を中心とした補食または食事を摂取する（図 4-13）。しかし、次の試合までに 8 時間以上の時間がある場合は、炭水化物（糖質）と同時に蛋白質を摂取することで、速やかなエネルギー補給と組織の維持回復につながる。

3 オフ期の食事

　オフ期はエネルギー消費量が減るだけでなく、不安や緊張から解放され、消化吸収能力が向上することが予想されるため、体重増加が生じやすい。この時期に留意すべきことは、オフ明けに無理なく戻すことのできる体重を決めることと、できるだけ生活リズムを崩さず基本的な食事をとることである。親しい人との会食はリフレッシュにもつながり、この時期にしかできないことであるが、その場合は前後で調節し、体重をモニタリングすることが望ましい。

参考文献

厚生労働省「日本人の食事摂取基準（2020 年版）」

Ainsworth BE, Haskell WL, Herrmann SD, Meckes N, Bassett Jr DR, Tudor-Locke C, Greer JL, Vezina J, Whitt-Glover MC, Leon AS. 2011 Compendium of Physical Activities: A Second Update of Codes and MET Values. *Med Sci Sports Exerc*. 43(8):1575-1581, 2011.

Levine JA. Measurement of energy expenditure. *Public Health Nutr*. 8(7A):1123-1132, 2005.

Ellis KJ. Human body composition: in vivo methods. *Physiol Rev*. 80(2):649-680, 2000.

田口素子，樋口満編『体育・スポーツ指導者と学生のためのスポーツ栄養学』市村出版，2014.

日本スポーツ栄養学会監，髙田和子，海老久美子，木村典代編『エッセンシャルスポーツ栄養学』市村出版，2020.

（　　　　　　　）に入る言葉を考えてみよう。

① （　　　　　　　　）は、目が覚めている時に生命維持に必要な最低限のエネルギー量と定義されている。前日から（　　　）時間以上絶食し、早朝に（　　　　　　）位で目が覚めた状態で、快適な室温で筋肉の緊張を最小限にして測定される。

② （　　　　　　　　　）は1日の総エネルギー消費量が（　　　　　　　　）の何倍であるかを示す指標である。

③ エネルギー消費量の測定法の（　　　　）法のうち、（　　　　　　　　　　　　　）による測定では、対象者は室内に滞在するだけでよく、自由な生活を送ることができる。比較的精度が高い測定方法だが、活動が室内に限られる。

④ エネルギー消費量の測定法のうち、（　　　　　　　　）法では、対象者は二種類の安定同位体により構成された水を飲んで尿を収集する以外は、自由な生活を送ることができるが、測定できるのはある一定期間の（　　　　　　　　　　　　　）であり、個々の運動時のエネルギー消費量を確認することはできない。

⑤ 脂肪組織のほうが除脂肪組織よりも密度が（　　　　　　）ため、脂肪組織が多いほど体全体の密度が（　　　　　　）なる。

⑥ 身体組成の測定法のうち、（　　　　　　　　　）法は水に潜った状態で体重を測定する。肺の残気量を差し引くために息を最大限吐き出した状態で数秒間水中に潜らなければならないため、対象者の負担が非常に大きい。

⑦ 身体組成の測定法のうち、（　　　　　　　　　）法は体脂肪量だけでなく（　　　　　　）や（　　　　　）も測定できる。測定時の対象者の負担が小さいが、X線を浴びることになるため、医療や研究以外の目的で繰り返し測定できる方法ではない。

⑧ エネルギー消費量に見合った食事量は、エネルギー消費量の測定値または推定値から暫定的に決定し、毎日の（　　　　）や（　　　　　　）の推移をモニタリングしながら調節することが現実的である。

⑨ （　　　）とは、朝食、昼食、夕食の3度の食事では摂取しきれないエネルギーや栄養素を補うために必要な食事であり、単に食事と食事の間に摂取する（　　　　）とは区別される。

⑩ 試合当日に朝食、昼食、夕食の3食を摂取する場合は、試合の（　　〜　　）時間前には摂取することが推奨される。

スポーツ現場での栄養補給の考え方

株式会社ワコール女子陸上競技部スパークエンジェルス／澤野千春

スポーツ現場の管理栄養士の役割とは

私は、管理栄養士として女子の陸上競技選手の栄養サポートをしています。選手の必要エネルギー量を計算し、そのエネルギー量を1日3食、または補食を入れて、どのように摂取することが最適かを検討し、献立をつくり、調理をすることもあります。トレーニングによって筋肉量が増加したり、怪我などによって大きく活動量が減ったりすると、選手の身体に必要なエネルギー量は変化することがあります。そのため、状況にあわせてその都度エネルギー補給量を変更していきます。ほかにも増量や減量などの身体づくり、貧血などの予防にかかわる選手1人1人の目標にあわせた栄養補給計画の立案、選手が自分自身で食事の選択ができるような栄養教育など、さまざまな取り組みを行っています。

また、選手は自宅や寮など同じ場所にいながら練習や競技会を行うことは少なく、全国・海外へも遠征に行きます。そのため家から離れた場所でも安心して食事ができるよう宿泊ホテルに食事の依頼をしたり、試合会場近辺のレストランを探したりするなど、選手がいつでもどこでも希望する食事ができる環境を整えています。

マラソン選手の試合期の食事とは

マラソンという競技は42.195 kmを2時間以上かけて走り続け、女子の国内トップレベルの選手では約2,000 kcalのエネルギーを消費するため、グリコーゲンローディングという方法で筋肉や肝臓にグリコーゲンを貯蔵し、エネルギー切れを予防する食事を行います。グリコーゲンローディングでは、試合の2～3日前から炭水化物（糖質）の多い食事内容に変更します。具体的には、朝食にご飯とお餅と果物、昼食にうどんとおにぎり、補食にどら焼き、夕食にパスタとパンなど、1日の総エネルギー摂取量の70％以上を糖質からとります。糖質を増やすと主食ばかりのメニューになるので、味を変え

ながらさまざまな食材を使い、食欲が落ちないように変化をつけることも重要です。また、満腹感や胃腸の状態、排便の調子なども変わることがあるので、事前の練習などで試すことを必ず行います。

大切な試合の前はしっかりとした準備を

本章でも述べてあるように、食事計画を立てることは、試合の戦略を立てることと同じように事前準備をすることでよいパフォーマンスにつながります。試合時間にあわせ、何時に何をどのくらい食べておくかまで決めておくと、緊張や急な状況の変化で食事にまで頭が回らない時でも適切にエネルギーを補給することができます。

実際に東京オリンピックでは、マラソンのスタート時間が午前7時だったため、4時間前の午前3時から消化のよい、糖質をしっかりとれるような食事計画を立てました。「心配事は本番までに必ず確認しておく」ということがチームの決まり事だったこともあり、事前に同じ時間でシミュレーションを行い、朝早い時間に食事をとることの身体への負担なども確認して当日まで準備を行いました。そして本番の前日、すべての準備が整った矢先、レース当日の気温が高いことが予想され、選手の安全のために、より気温の低い時間帯で競技を開始したほうがよいという判断から、スタート時間が1時間繰り上がり、午前6時になるという連絡が入りました。連絡が来たのが前日の午後7時、前例のないケースでしたが、計画をしっかり立てていたので慌てることなく、午前1時に起床し、落ち着いて準備し4時間前の2時に食事をとることができました。このように直前の競技時間の変更は競技によってはあり得ることですが、どんな場合でも慌てないでいつも通りの食事ができるよう、より細かく準備を行うことでよいパフォーマンスを発揮することができると思います。

第5章 運動とホルモン

なぜこの章を学ぶのですか？

ホルモンを中心とした内分泌系の調節は、オーケストラの指揮者のように身体全体の方向性を決めたり、長期的に身体を変化させる適応を引き起こしたりするのが得意です。生理現象は何かしらのホルモンの影響を受ける場合が多いですが、特に運動やその適応には多くのホルモンが関与するからです。

第5章の学びのポイントは何ですか？

多くのホルモンは運動とトレーニングによって分泌が変化します。特にインスリンとストレスに関連したホルモンは運動生理学の理解に重要です。

＼ 考えてみよう ／

① インスリンの作用が強くなると何かよいことはある？

② 運動のストレスは高いほうがよい？
それとも低いほうがよい？

1 ホルモンの種類と内分泌腺

ホルモンは内分泌腺から血液中に分泌される。ホルモンはステロイドホルモンと非ステロイドホルモンに大別され、受容体にホルモンが結合することによって作用が生じる。

1 ホルモンとは

　生体内ではホメオスタシス（恒常性）の維持のため、さまざまな調節系が働いているが、その 1 つが内分泌系である。内分泌とは、細胞内で産生された生理活性物質が専用の分泌管（導管）を通らずに血管に放出されることによって生じる調節系であり、専用の導管を有する外分泌とは大きく異なる。内分泌では血液中に分泌されることになるので、血流がおよぶ場所、すなわち全身で作用することになる。ホルモンとは生理活性物質の分類の 1 つであるが、一般的には内分泌といえばホルモンのことを意味している場合が多い。ホルモンは、細胞に存在する各ホルモンに特異的な受容体に作用することによってその作用を発揮する。

2 作用の調節

　ホルモンの作用の程度は、いくつかの要因によって調節されている。それらは主に、ホルモンの濃度・受容体の数・調節因子の活性化の程度である。ホルモンは基本的にその血中濃度が高ければ高い作用を発揮することができる。そのため、血中濃度の変化によって身体におけるその作用の変化を推し量ることができる。

　ホルモンは血液中に放出されるので、全身に対してそのホルモンが命令となって伝わってしまうことになるが、より作用を伝えたい組織とそうでない組織を分けるため、組織に含まれる細胞の受容体の量を変化させることによって作用の程度を調節している。すなわち、同じホルモン濃度に対して、受容体が多い細胞ではその作用が強く発揮され、受容体の数が少ない細胞では弱く発揮、または発揮されないことになる。

　ホルモンは受容体に結合することによって作用を発揮するが、その際、多くの調節因子を介して最終的な作用の大きさを調節している。そのため、血中のホルモンの濃度と受容体の数が同じであっても、調節因子が活性化する

のであればその作用は強くなり、不活性化すればその作用は弱くなる。たとえばⅡ型糖尿病では骨格筋のインスリン作用は低下するが、この際、インスリンの調節因子が不活性化しているためにインスリンの作用が正常に伝わらない状態になっている。

3 ホルモンの種類

　ホルモンはその構造からステロイドホルモンと非ステロイドホルモンに大別される。ステロイドホルモンはコレステロールに似た構造を有しており、脂質に溶けやすい性質（脂溶性）を示す。そのため、細胞膜を容易に通過できるので、その受容体は細胞膜の内側（細胞内）に存在する。

　一方、非ステロイドホルモンはアミノ酸をつなぎあわせた、もしくはアミノ酸を原材料にして合成された構造を示す。いわば蛋白質の仲間たちであり、水に溶けやすい性質（水溶性）を示す。そのため、細胞膜を容易に通過できないので、その受容体は細胞膜上に存在する。なお、甲状腺ホルモンは非ステロイドホルモンであるが、例外的に脂溶性を示す。

　ホルモンの濃度は、昔から"プールにスプーン1杯のホルモンで効く"と形容されてきたが、実際にはホルモンの種類によって1,000,000倍ほども作用する濃度が異なる。

4 内分泌腺

　身体にあるすべての体細胞は同じ遺伝子をもっているが、細胞によってホルモンを産生している細胞とそうでない細胞が存在する。このホルモンを産生し分泌している細胞を内分泌腺と呼ぶ。 図5-1 に主な内分泌腺を示した。下垂体や視床下部などの一般的によく知られている内分泌腺のほか、近年、脂肪細胞・骨細胞・肝臓・骨格筋など、従来は内分泌腺と考えられていなかった細胞からも多くのホルモンが分泌されていることが明らかになってきた。それらの中には、運動による代謝調節やトレーニングによる適応に重要な役割を担っているとされるホルモンも多数含まれている。

図 5-1　内分泌腺

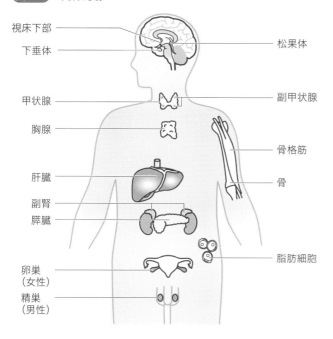

視床下部
下垂体
松果体
甲状腺
副甲状腺
胸腺
肝臓
骨格筋
骨
副腎
膵臓
卵巣
（女性）
精巣
（男性）
脂肪細胞

2 インスリンと運動・トレーニング

インスリンの分泌は運動中に低下する。またトレーニングは骨格筋のインスリン作用を増強させるので安静時におけるインスリンの分泌も低下する。インスリン作用が増強すると筋グリコーゲンの回復は促進する。

1 インスリン（概要）

食事によって血糖値が上昇すると、それがきっかけとなって膵臓のβ細胞からインスリンが分泌される。安静時におけるインスリンの主要な働きは血糖（グルコース）を細胞の中に取り込むことである。インスリンによって骨格筋や肝臓に取り込まれたグルコースは、もう１つのインスリンの作用であるグリコーゲンの合成を盛んにする働きによってグリコーゲンになり、細胞内に貯蔵される。このほか、インスリンは中性脂肪の合成を促進して分解を強く抑制したり、骨格筋細胞の中へのアミノ酸の取り込みを促進したりして筋蛋白質の合成を誘発することに機能する。

2 インスリンと一過性の運動

先述のとおり、すべての運動は糖質と脂質の両方の分解を促進してその利用を増大させる。そのため、糖質や脂質の分解を抑制してしまうインスリンがあると運動中のエネルギー利用に支障が生じる可能性が考えられる。運動中、多くのホルモンの濃度は基本的に運動強度が高くなったり運動時間が長くなるにともなって上昇するが、インスリンは特徴的な動態を示し、逆に低下をする。"運動中に低下をするのであれば血糖を糖質源として利用がしにくくなるのでは？"この質問に対しては、2つの点が回答となる。1つは、糖質の利用が促進するような高強度運動中では血糖より筋グリコーゲンが主要な糖質源になるので支障は少ない。またもう1つは、筋収縮をしている骨格筋はインスリンがなくても血糖を取り込むことができるため支障がないことである。図 5-2 に、骨格筋における糖取り込みの略図を示した。インスリンは受容体に結合すると、最終的に糖輸送を担う蛋白質（糖輸送担体：GLUT4）を細胞膜上に移動（トランスロケーション）させることによって

図 5-2　骨格筋の糖取り込み機構

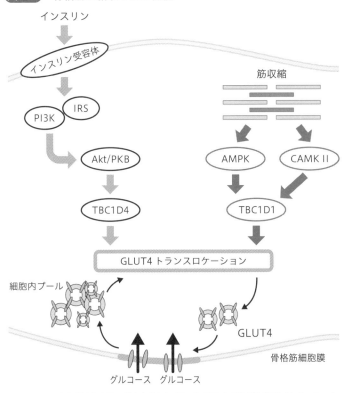

インスリンはさまざまな分子の働きを介しながら GLUT4 を細胞膜に移動（トランスロケーション）することによって血糖を骨格筋内に取り込む。運動中、骨格筋はインスリンとは別の方法でトランスロケーションを起こして血糖を取り込むことができる。

血糖を取り込む。同様に、筋収縮はそれ自体がインスリンのように GLUT4 を刺激することができるので、運動中はインスリンがなくても困らないのである。

3 インスリン作用とトレーニング

　トレーニングを行うと安静時の血中インスリンの濃度は低下する。これはトレーニングによって骨格筋や肝臓などの組織におけるインスリン作用が増強するためである。このインスリン作用が増強する作用機序として、脂肪細胞由来の影響と、骨格筋自体に由来する影響が強く関与する（図 5-3）。

　脂肪細胞も内分泌腺であり、脂肪細胞内に脂肪滴として中性脂肪が貯まると細胞は肥大していわゆる“悪玉”のホルモンを分泌するようになってしまう。悪玉ホルモンの中には骨格筋や肝臓のインスリン作用を阻害するホルモンが含まれているので、脂肪細胞が肥大してしまうと骨格筋や肝臓のインスリン作用が低下してしまうことになる。一方、トレーニングは体脂肪量を減少させ、脂肪細胞のサイズを小さくする。そのため、トレーニングは悪玉ホルモンの分泌を減少させ、骨格筋や肝臓のインスリン作用を増強させるのである。

図 5-3　脂肪細胞のサイズとトレーニング

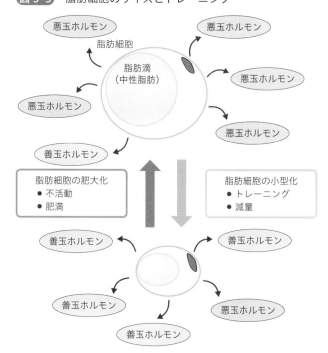

また、脂質が過剰に蓄積をしていないような身体にとっても、トレーニングは骨格筋や肝臓のインスリン作用を増強させる。骨格筋においては、トレーニングによって糖輸送担体である GLUT4 が増加する[1]。骨格筋における糖取り込み量は GLUT4 量と正相関の関係にあるため、トレーニングで GLUT4 が増加すると、同じ量の血糖をより少ない量のインスリンで取り込めるようになったり、同じ濃度のインスリンに対して多くの血糖を取り込めるようになる。

4　インスリン作用とグリコーゲンの回復

　トレーニングによってインスリン作用が増強するが、この増強はさまざまな身体機能に概してポジティブに働く場合が多い。その身体機能の１つは筋グリコーゲンの回復である。たとえば同日に試合の予選と決勝が組まれている場合、予選で消費してしまった筋グリコーゲンを数時間のうちにできるだけ多く回復できたほうが決勝において有利に働くことが予想される。この筋グリコーゲンの回復速度は GLUT4 量と正相関の関係にあり、トレーニングによって GLUT4 が増加するとインスリンの作用が増強するため、インスリンによる糖取り込み量が増加して筋グリコーゲンの回復が速まることに貢献する（図 5-4）[1]。

図 5-4　トレーニングによる GLUT4 の増加と筋グリコーゲンの回復速度

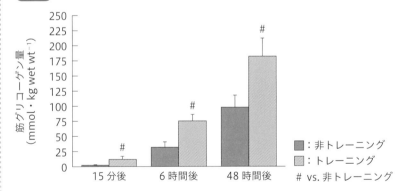

出典　Greiwe JS, Hickner RC, Hansen PA, Racette SB, Chen MM, Holloszy JO. Effects of endurance exercise training on muscle glycogen accumulation in humans. *J Appl Physiol.* 87(1):222-226, 1999.

トレーニングをすると、骨格筋の GLUT4 量が増加する。この適応にともない、運動後の筋グリコーゲンの回復速度が増強する。

3 ストレスホルモンと運動・トレーニング

ストレスとは単に肉体的な負荷のみを意味するのではなく、精神的な負荷もストレスになりうる。運動もストレスの1つであり、運動の強度や時間に依存して増加する。一方、運動を繰り返すとストレス反応は減弱していく。

1 ストレスホルモン

ストレスとはもともと"ひずみ"を示す工学的な用語であったが、後に身体の"恒常性に対する負荷"として生理学や医学の分野で用いられるようになってきた。身体にストレスがかかるとストレスの程度に応じてストレスホルモンの分泌が促進し、そのストレスに抗おうとする。よって、生理学的にはストレスホルモンの血中濃度によってストレスの有無を評価することが行われている。ストレスによって分泌が促進するホルモンは多々存在しているが、一般的には HPA 軸とよばれる視床下部（Hypothalamus）-下垂体（Pituitary）-副腎皮質（Adrenal）の分泌系の活性化（ホルモンが分泌されること）が評価基準の1つとなる。また、交感神経-副腎髄質軸の分泌系も同様に評価基準になる。

2 生物におけるストレス

生物にとって最大のストレスは"死"の恐怖であろう。ほかの動物に食べられないように逃げる際、また、餓死しないためにほかの動物を狩る際はまさに"緊急事態"の時であり、ストレスホルモンの分泌は最大になる。そのため、ストレスホルモンの作用は概してこの緊急事態をしのぐのに有利な生理反応を身体に起こすことにある。重要なことに、運動はまさしく安静時の平安を乱すストレスであり、運動強度や運動時間はストレスの程度を深刻化させる要因になる。また、運動だけでなく、恐怖や緊張などの情動もストレスとなり、さらに生存を脅かす低血糖や低酸素の状態もストレスホルモンの分泌を促進することになる。

3 ┃ ストレスホルモンの作用

　ストレスとは単に肉体的な負荷のみを意味するのではなく、思考や恐怖などの精神的な負荷もストレスになりうる。ストレス下において分泌が促進されるホルモンは、そのストレスの程度によって分泌量は調節され、ストレスに抗う生理反応の大きさを制御している。

（1）コルチゾール

　糖質コルチコイドであるコルチゾールは副腎皮質から分泌されるストレスホルモンであり、視床下部からの命令によって下垂体から分泌されるホルモン（副腎皮質刺激ホルモン）によって分泌が調節されている。分泌されると強力な抗炎症作用を発揮して治癒を促進する。肝臓で糖質以外の物質から糖質をつくる糖新生を促進して糖質の持続的な供給に機能することに加え、脂質の分解も促進することによって糖質も脂質もエネルギー源として利用しやすいように作用する。

（2）カテコールアミン

　副腎髄質では、カテコールアミンと呼ばれるアドレナリンとノルアドレナリンが分泌されており、自律神経の交感神経が活性化すると分泌が促進する。アドレナリンとノルアドレナリンの作用は多岐にわたっているが、痛みに対する感覚を鈍化させたり、血圧の上昇や心拍数の増加を介して活動筋への血流を増大させたりする。また、骨格筋や肝臓のグリコーゲンの分解を促進して糖質の持続的な利用に機能することに加え、脂質の分解も促進する。

　カテコールアミンの分泌促進は、いわゆる"火事場のバカぢから"として筋力の発揮を促進させる作用が期待できるので、ウェイトリフティングのような競技においてはプラス効果として理解される。一方、落ち着きや正確無比な動作を要求する射撃競技のような競技においてはマイナス効果になると理解される。

4 ストレスホルモンと一過性の運動

　ストレスホルモンは基本的に運動強度が高くなったり運動時間が長くなるにともなって上昇する。また、その際に低血糖や、過酷な環境下の運動である場合にはストレスが増加して分泌がさらに亢進する。図 5-5 に一般的な運動中におけるアドレナリンの血中動態を示した。運動強度においては急激な増加を示す変曲点が存在しており、乳酸が蓄積を始める変曲点（乳酸性作業閾値）と重なる場合が多い[2]。また、この変曲点はインスリン以外の多くのホルモンにおいても同様の傾向を示す。

　コルチゾールは、運動によって一時的にその濃度が上昇することは運動に対する正常な反応であると考えられ、運動を止めればその濃度は速やかに低下をする。しかし、ストレスが長時間・長期間にわたる場合、コルチゾールは筋蛋白質の分解を引き起こしてしまう。

図 5-5　一過性の運動とアドレナリンの反応

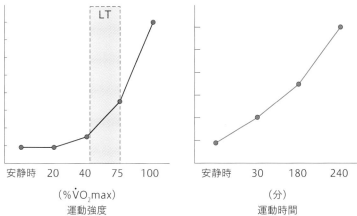

アドレナリンは運動の強度と時間に依存して上昇する（概念図）。このような関係は、運動で分泌反応が生じるほかの多くのホルモンでも共通している。運動時間に対する曲線はホルモンによってさまざまであるが、強度に対しては多くのホルモンで濃度が急上昇する変曲点が存在しており、乳酸性作業閾値（LT）とおおむね一致する。

5 ストレスホルモンとトレーニング

　運動はストレスの1つであるが、トレーニングは身体の体力を増強するので、今まで"つらい"と感じていた運動であっても"楽"に感じるように適応していく。そのため、同一の運動時間で同一の絶対的運動強度の運動を行った場合、トレーニングによってストレスホルモンの分泌は減弱してくる（図5-6）。この適応はカテコールアミンもコルチゾールも同様である。たとえば、陸上競技の400m走を1分間で走った場合、トレーニングによってストレスホルモンの分泌は低下するので、その低下の程度をトレーニング効果の程度として置き換えて評価することができる。

　一方、トレーニングの原理には、過負荷（オーバーロード）の原理という項目が存在している。これは、「いつまでも同じ負荷でトレーニングをしていたら効果が減弱してしまうので、いつもより少しだけ負荷を上げて取り組みましょう」ということを示している。トレーニングを行う身体において、ストレスホルモンの分泌を起こさないような運動はもはやストレス（負荷）ではないことを示しており、そのトレーニングを繰り返しても結果として引き起こされるトレーニング効果の程度は低くなると予想される。

　トレーニングによるストレスホルモンの減弱反応は、肉体的なストレスの緩和だけでなく、精神的なストレスの緩和によっても生じる。ルーキーが新しいチームに入った際など緊張のために肉体的な負荷以上にストレスホルモンが分泌してしまう場合もあるが、チームに慣れて自信をつけていくとストレスホルモンの分泌は低下する方向に働く。

図 5-6　トレーニングとアドレナリンの反応

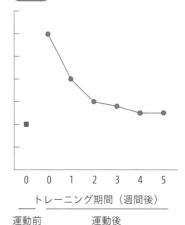

短時間の高強度運動を行うとアドレナリンの分泌は増加するが、トレーニングを継続していくとその分泌反応は減弱する（概念図）。このような運動に対する分泌反応の減弱は、ノルアドレナリンやコルチゾールなど、ほかのストレスホルモンでも共通している。

4 性ホルモンと運動・トレーニング

男性ホルモンは運動によって上昇し、筋蛋白質の合成促進に機能している。また、加齢による安静時濃度の低下はサルコペニアの発症に関与する。女性ホルモンも運動によって上昇するが、性周期の乱れにも関与する。

1 性ホルモン

アンドロゲンとはいわゆる"男性ホルモン"であり、テストステロンを含む複数のホルモンの総称である。アンドロゲンは、男性であれば主に精巣から分泌されているが、一部は副腎皮質からも分泌される。そのため、女性の身体においても男性ホルモンは存在している。また、いわゆる"女性ホルモン"とは、黄体ホルモン（ゲスターゲン：複数のホルモンの総称）と卵胞ホルモン（エストロゲン：複数のホルモンの総称）のことであり、卵巣から分泌される。女性ホルモンは男性ホルモンから一部合成されるため、男性の身体においても女性ホルモンは存在している。男性ホルモンと女性ホルモンはともに胎児期における性分化のほか、第二次性徴の発現に機能する。男性ホルモンは強力な蛋白質の同化作用を有しており、骨格筋を発達させて筋量・筋力を増大させる。女性ホルモンにおいては、主に排卵前の卵胞から分泌される卵胞ホルモンが妊娠しやすい身体に、また、主に排卵後の卵胞や胎盤から分泌される黄体ホルモンが妊娠の持続に機能する。テストステロンやエストロゲンは骨への影響も強く、骨量の増加にも機能する。

2 男性ホルモンと一過性の運動およびトレーニング

血中のテストステロン濃度やその前駆体濃度は一過性のレジスタンス運動や持久運動によって一時的な増加を示し、トレーニングは安静時における血中テストステロン濃度やその前駆体の濃度を上昇させる。女性はもともと血中テストステロン濃度が低いために顕著な上昇は認められないが、同化作用を有する前駆体においてレジスタンス運動に対する上昇反応を示す。通常トレーニングによる適応はトレーニングをした骨格筋のみで生じるため、これら血中濃度の上昇のみでは筋肥大効果の発動を説明するには不足がある。最近は、トレーニングによって活動筋におけるアンドロゲンの受容体の数が増

える可能性や、血中ではなく活動筋の中においてアンドロゲンの合成系が活性化する可能性が示唆されており、トレーニングの局所適応を説明する上で大変興味深い。高齢者では血中アンドロゲン濃度が加齢によって低下することが知られており、このことがサルコペニアの発症要因の1つとして考えられている。男性ホルモンはいわゆる"元気ホルモン"の1つであるため、近年ではこれら一連のアンドロゲン系を活性化したり維持したりすることはスポーツのみならず健康の維持にも重要であると考えられている。

3 女性ホルモンと一過性の運動およびトレーニング

　エストロゲンの1つであるエストラジオールは、黄体期や卵胞期などの性周期にかかわらず運動によって分泌が増加し、疲労困憊に至るような運動でもっとも高い値を示す。また、黄体ホルモンの1つであるプロゲステロンは、安静時においてほとんど分泌のない時期である卵胞期においては運動の影響を受けないが、安静時において分泌が盛んな黄体期では、運動によってその分泌が運動強度依存的に上昇する。性ホルモンの分泌の程度やタイミングは性周期に関連した卵巣や子宮粘膜の状況を反映して制御されているが、運動はこの秩序を一時的に大きく変化させることになる。

　このような運動をトレーニングとして繰り返した場合、月経周期に異常をきたす割合が増加することがよく知られており、その要因の1つとしてトレーニングが安静時におけるエストラジオールやプロゲステロンの分泌を低下させてしまうことが挙げられる。この低下の割合は、トレーニングにおける運動の量が多いほど、また運動の強度が高いほど増加することが報告されている[3]。このように、女性にとって激しすぎる運動はアスリートとしてのトレーニング効果を向上させる一方で、妊娠するためのしくみに大きな影響を与えるのである。

引用文献

1 ）Greiwe JS, Hickner RC, Hansen PA, Racette SB, Chen MM, Holloszy JO. Effects of endurance exercise training on muscle glycogen accumulation in humans. *J Appl Physiol*. 87 (1) :222-226, 1999.

2 ）Galbo H, Holst JJ, Christensen NJ. Glucagon and plasma catecholamine responses to graded and prolonged exercise in man. *J Appl Physiol*. 38 (1) :70-76, 1975.

3 ）Hetland ML, Haarbo J, Christiansen C, Larsen T. Running induces menstrual disturbances but bone mass is unaffected, except in amenorrheic women. *Am J Med*. 95 (1) :53-60, 1993.

学びの確認

（　　　　　　）に入る言葉を考えてみよう。

①トレーニングを行うと安静時の血中インスリンの濃度は（　　　）する。

②トレーニングによって GLUT4 が増加するとインスリンの作用が増強するため、インスリンによる糖取り込み量が増加して（　　　　　　　）の回復が速まる。

③運動中、運動強度の上昇や運動時間が長くなるにともなって血中のインスリン濃度は（　　　）する。

④高齢者では血中（　　　　　　）の濃度が加齢によって低下することが知られており、このことがサルコペニアの発症要因の 1 つとして考えられている。

⑤トレーニングは体脂肪量を減少させ、脂肪細胞のサイズを（　　　）する。

⑥女性において、激しいトレーニングを繰り返すと月経周期に異常をきたす割合が（　　　）する。

運動と骨

なぜこの章を学ぶのですか？

　骨は硬くて丈夫で、一見変化がないように見えることから、生命活動にそれほど関与しないように思う人もいるでしょう。しかし、骨は1つの臓器としてとらえられ、ダイナミクスに富み、アスリートにとっては身体づくりの土台となるものだからです。

第6章の学びのポイントは何ですか？

　骨の強さは、年齢・栄養・ホルモン・運動などさまざまな影響を受けることについて学びます。特に、運動などにより生じるメカニカルストレスが骨代謝に影響をおよぼすことを知りましょう。

考えてみよう

① 骨の強度が脆弱となって骨折しやすくなる要因は？

② 骨の強度が増して骨折しにくくなる要因は？

1　骨の解剖学と生理学

　肉眼レベルで観察される骨は形態学的特徴で分類されている。内部構造は神経や血管で張り巡らされており、外側（皮質骨）と内側（海綿骨）で異なる構造を呈している。また、骨には人体の生命活動において骨格としての役割以外に、造血作用やカルシウムの貯蔵庫としての働きがある。

1　骨の解剖

　人体には 206 個もの骨が存在し、形態の違いから 表6-1 に示すとおり 6 つに分類される。人体でもっとも多いのは四肢を構成する細長い長管骨である。ここでは、イメージしやすいこの長管骨の解剖（ 図6-1 ）をみてみよう。

表6-1　骨の形態分類

長管骨	上腕骨・大腿骨・中手骨・中足骨・鎖骨・脛骨・腓骨
短骨	手根骨・足根骨
扁平骨	頭頂骨・胸骨・肋骨・肩甲骨・腸骨
不規則骨	椎骨・仙骨・尾骨など
種子骨	膝蓋骨・豆状骨
含気骨	前頭骨・側頭骨など

図6-1　骨の解剖

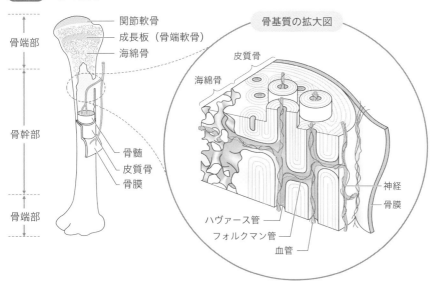

長管骨の基本構造は、骨基質、骨髄、骨膜、関節軟骨や成長板（骨端軟骨）である。骨基質は、外側を覆う皮質骨と骨端部の内側にのみに存在する海綿骨に大別される。海綿骨は、網の目のように複雑なメッシュワーク構造になっている。骨の成長では、横方向に太くなるのは皮質骨が貢献し、縦方向に長く伸びるのは成長板が貢献している。しかし、15 〜 20 歳前後で、この成長板が閉じてしまうため、身長は伸びなくなる。

　そのほかに、骨には血管や神経が侵入している。血管は、骨に栄養を供給するだけでなく、新たにつくられた赤血球などを全身へ供給する経路としても使われている。神経は、基本的に血管と並走しており、骨膜にも豊富に存在している。そのため、頭・肘・膝やすね（脛骨）といった筋肉や脂肪であまり覆われていない部分をぶつけたり、骨折したりすると激痛が生じてしまう。

2 骨の役割

　骨には大きく3つの役割が存在する。1つ目は、体の可動性や安定性に貢献する骨格としての役割である。日常生活や運動をする際、骨は重要な働きを果たす一員である。私たちは脳からの指令が脊髄→末梢神経→骨格筋へと伝わることで動作に必要な力を発揮している。この発生した筋張力（筋収縮による力）は、腱から骨へと伝達されることで動作を遂行している。加えて、骨はほかの臓器・器官にはない硬さを有することで体勢や姿勢保持、肺などの臓器保護にも大きく貢献している。

　2つ目の役割として、血液の生産である。骨の内部（骨髄）において新しい血液をつくっている（造血作用）。酸素を運搬する赤血球を例に挙げてみよう。血液検査等で行われる赤血球数の正常範囲は、男性で 450 〜 550 万個/μL、女性で 350 〜 500 万個/μL である。単位に注目してみると 1μL は 1 mL の 1/1000 なので、涙 1 滴よりもはるかに少ない血液中に何百万個もの赤血球が存在していることになる。赤血球の寿命は約 120 日（約 4 か月）で毎日一定数がその生涯を終え脾臓や肝臓で処理されている。一方、新しい赤血球は、骨内部の骨髄から日々生み出されている。このように骨は血液循環を担う血球たちの生産工場として働いている。

図 6-2　カルシウムの流れ

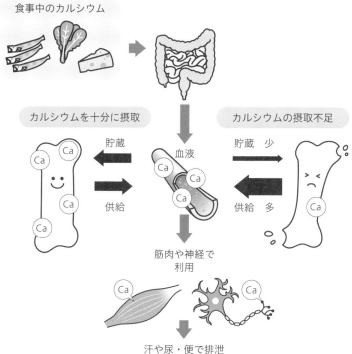

食事中のカルシウム

カルシウムを十分に摂取　　カルシウムの摂取不足

貯蔵　　血液　　貯蔵　少

供給　　供給　多

筋肉や神経で
利用

汗や尿・便で排泄

　3つ目の役割は、貯蔵庫としての働きである。骨には、カルシウムやリンなどのミネラルが大量に蓄えられている。カルシウムは骨格筋の収縮、心筋の興奮、神経伝導、出血した際の止血作用（血液凝固）に利用されることから生命活動に欠かせない。したがって血液中のカルシウム濃度は、$8.8 \sim 10.4 \, \mathrm{mg/dL}$ の範囲内で保たれている（恒常性）。カルシウムは普段の食事から取り入れ、小腸から血液へと吸収している。吸収したカルシウムは、生命活動に利用されるが、一部は骨に蓄えられ一部は尿や汗から排泄されていく（**図 6-2**）。しかし、摂取不足や過剰消費などによりカルシウム不足が生じた場合、血中カルシウム濃度は低下に向かうが、生命活動に支障をきたさないよう、恒常性維持のメカニズムが働き始める。そこで出番となるのがカルシウムを大量に貯蓄している骨である。体内のカルシウムの 99 ％は骨に蓄えられており、自分自身を溶かすことで、血中カルシウム濃度を一定範囲内に留めるよう日々、頑張ってくれている。

2 骨強度と栄養

骨の強度は、量的側面と質的側面によって決定される。高齢になると量的な骨密度低下以外に質的な材質や構造も劣化が生じる。骨をつくり変えるのに必要な栄養素には、カルシウム、リンといったミネラル、ビタミンD、ビタミンKなどのビタミンが関与している。

1 骨の強さを規定する因子

骨は人体の中でもっとも硬い組織である。では、骨の折れにくさ（強度）は、どのようにして決まっているのだろうか。骨の強度は、骨密度と骨質の総和によって決定している。その内訳は、骨密度は骨強度の70％程度を占め、残りの30％程度が骨質で占めるとされている（図6-3）。

図6-3　骨強度の決定因子

（1）骨密度

骨密度とは、骨にカルシウムなどのミネラル成分がどの程度含まれているかを示している。当然、カルシウムなどが多く含まれた骨ほど強く、20歳ごろにピークを迎え、加齢とともに骨密度は低下していく（図6-4）。

図6-4　年齢による骨密度の変化

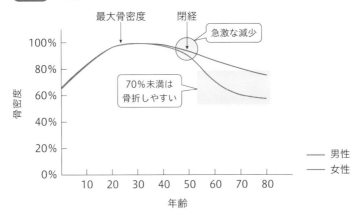

（2）骨質（材質）

　骨はⅠ型コラーゲンという枠組みに、リン酸カルシウムと呼ばれるリンやカルシウムなどからつくられたミネラル化合物が沈着（石灰化）することで硬くなっている。鉄筋コンクリートでたとえると、鉄筋部分がコラーゲンでコンクリート部分が石灰化である。実は骨も建物と同じで硬すぎても折れやすく、適度なしなやかさが重要であり、その働きをしているのがコラーゲンの質である。1本のコラーゲン線維を拡大すると、コラーゲン分子の集合体であることがわかる（**図6-5**）。コラーゲン分子同士をつなぎ止め、1本の線維となるための接着剤としての役割をしているのが架橋と呼ばれるものである。通常、コラーゲン分子同士は一定間隔でつなぎ止められている（善玉架橋）。しかし、加齢などさまざまな要因で酸化ストレスが増加してしまうと無秩序にコラーゲン分子同士をつなぎ止め、硬いコラーゲン線維となってしまう（悪玉架橋）。しなやかさを失った骨は、沈着したカルシウム部分（骨基質）にもミクロレベルのひび割れ（マイクロクラック）が発生し、さらに折れやすい状態となってしまう。

図 6-5　善玉架橋と悪玉架橋

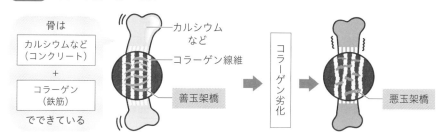

コラーゲンは「鉄筋」の役割が、カルシウムなどには「コンクリート」の役割がある。
よい骨にはしなりがあるが、悪玉架橋が増えると錆びた鉄筋状態となり、しならず折れやすい骨になる。

（3）骨質（構造）

　骨は、太く厚い皮質骨が強度に大きく貢献し、複雑に入り組んだ海綿骨が力を吸収・分散させる構造を呈することで強さとしなやかさを生み出している。これを建物にたとえると、太い柱ほど頑丈である（皮質骨幅）といえる。さらに、梁の本数（骨梁数）が多かったり、梁の太さ（骨梁幅）が太かったりすることでより倒壊しにくい構造（海綿骨の複雑さ）となっている。ところが年齢を重ねていくと皮質骨は薄くなり、海綿骨も複雑で緻密な状態から単純で簡素な構造になってきてしまう。

2 骨をつくるための栄養素

（1）カルシウム

　カルシウムは、乳製品、魚介類、納豆・豆腐などの大豆食品、一部の緑黄色野菜など幅広く含まれており多種多様に摂取することができる栄養素である。しかし、カルシウムの小腸での吸収率は、25 ～ 30％程度とあまり高くないことから、食事制限や偏った食事をするとカルシウム不足になりやすい。カルシウム不足は骨の弱さ（折れやすさ）に直結する一方で、カルシウムを過剰摂取すると、高カルシウム血症、結石、前立腺がんなどの発症リスクを高める。特にサプリメントなどで摂取する際には、注意が必要である。

（2）ビタミンD

　ビタミンDの主な働きは、小腸からのカルシウムやリンの吸収を促進する作用と骨のコラーゲンにリン酸カルシウムを沈着（石灰化）させる働きである（リンは、骨をつくるのに必要な栄養素であるが多くの食品に含まれており欠乏状態にはなりにくい）。そのため、ビタミンDが欠乏すると小児ではくる病、成人では骨軟化症と呼ばれる病気にまで発展する。一方、ビタミンDの過剰摂取では、高カルシウム血症や腎障害などが起こることが報告されている。

　ビタミンDを摂取する方法は大きく2つある。1つは、ビタミンDを多く含む魚介類やキノコ類を摂取する方法である。もう1つは、太陽光の紫外線を皮膚に浴びることである。ここで興味深いことは、紫外線では必要以上のビタミンDがつくられない点である。つまり、どれだけ日焼けしても過剰産生されないようにコントロールされているのである。しかし、南北に長い日本では、季節によって紫外線量が大きく異なる。たとえば、普段の服装（顔と手だけが露出した状態）で、皮膚への影響を受けない程度の紫外線を浴びて 5.5 μg のビタミンDをつくろうとしよう。紫外線量がもっとも多い7月のお昼に外出した場合、那覇で約3分、札幌で約5分と大きな差はなく短時間でビタミンDがつくられる。ところが、12月のお昼の場合、那覇では約8分であるのに対し、札幌では1時間以上も太陽光を浴びる必要がある（表6-2）。また、ビタミンD摂取の推奨量は 15 μg/ 日として算出され、紫外線と食事のトータルで摂取するという考え方である。ただし、先程のデータが示すように、地域や季節・生活スタイルによっては意識的に食物から多く摂取をする必要がある。

表 6-2　5.5 μg のビタミン D 量を産生するために必要なおおよその日照暴露時間（分）

測定地点	7 月			12 月		
	朝	昼	夕方	朝	昼	夕方
札幌	8	5	13	498	76	2742
那覇	9	3	5	78	8	17

出典　厚生労働省「日本人の食事摂取基準（2020 年版）」p.181 を一部改変

3　骨折と骨代謝

　骨強度を上回る外力が加わると骨折してしまう。特に高齢者では加齢や閉経などにより骨折しやすい。一方、アスリートでは女性に疲労骨折が生じやすい。これらの背景には、骨代謝である骨形成と骨吸収のアンバランスが関係している。

1　骨折

　骨に対して強い外力や頻回な力が加わると骨折や疲労骨折をきたす。2017 年の厚生労働省の調査では年間の骨折患者数がおよそ 67 万 7,000 人で、女性は男性の 1.7 倍骨折数が多いことが報告されている。そのほとんどが高齢者の骨折であるが、若者が骨折しないわけではない。18 歳までに骨折の経験がある日本人は約 5 人に 1 人ということが聞き取り調査で明らかになっている。また 18 歳までの骨折経験に性差はほとんどみられず、男性の骨折割合がわずかに高い。

　骨折をしてしまうと、体重を支え姿勢を保持したり、動作を遂行したりすることができず、運動や日常生活も含む著しい活動制限を余儀なくされてしまう。骨折は私たちの QOL（Quality Of Life= 生活の質）を低下させてしまう疾患であるといえる。

（1）高齢者の骨折

　高齢になればなるほど、骨密度や骨質は低下し骨強度が弱くなるため、転倒などの外力で容易に骨折してしまう。転倒により生じやすい骨折部位としては 4 つ挙げられる。1 つ目は転倒した際に手をつく手首の骨である（橈骨遠位端骨折）。2 つ目は手をつくことができずにぶつけてしまう肩の骨である（上腕骨近位端骨折）。3 つ目と 4 つ目は、股関節の骨と脊椎である。これは、転倒により尻もちをついた際に臀部を強打することにより発症する（大

腿骨頸部骨折、脊椎圧迫骨折）。

　年齢以外の指標としては、高齢により背骨が曲がったり、身長が 2 cm 以上低くなったりすると骨粗鬆症や脊椎圧迫骨折のリスクが高くなる。特に高齢になるとビタミンDをつくる働きが衰えるため、小腸からのカルシウム吸収が不足しやすい。さらに女性では閉経が骨にとって 1 つのターニングポイントとなる。女性は閉経が始まる 50 歳頃を境に骨密度が急激に減少してしまうためである（ 図 6-4 ）。これは、閉経によるホルモンバランスの崩れが原因であり、そのため高齢女性のほうが高齢男性に比べ骨折が多くなる要因の 1 つとなる。閉経により骨が弱くなるメカニズムについては後述する。

　このように骨が著しく弱くなった状態のことを骨粗鬆症と呼ぶ。骨粗鬆症はいくつかの種類に分けられるが、老化にともなう骨粗鬆症を老人性骨粗鬆症、閉経にともなう骨粗鬆症を閉経後骨粗鬆症と呼ぶ。老化やホルモンバランスの崩れはいずれ起こる事象であるが、食事・運動・薬物療法などでバランスよくコントロールし病的に加速させないことが重要である。

（2）アスリートの骨折

　アスリートたちは普段から激しいトレーニングを行っている。つまり、骨に対して強い力が頻回に加わる状態が起こっている。骨はそのような環境に適応しようとして強くなる。しかし、激しいトレーニングでは同時にエネルギーも多く消費している。そのため、摂取以上の消費を繰り返すと、疲労骨折を含めた骨折しやすい状態に向かってしまう。特に体重をコントロールする必要があるような審美系や階級制限のあるスポーツ競技や過度なエネルギー消費をともなうような持久系のスポーツ競技では、疲労骨折を発生しやすい。このように摂取エネルギーより消費エネルギーが極端に大きい栄養不足の状態を Low Energy Availability（LEA：利用可能エネルギー不足）と呼び、骨が弱くなりやすい。

　骨をつくるのに必要な代表的栄養素のカルシウムが骨に沈着するためには、ビタミンDやビタミンKの助けが必要となる。したがって障害予防の観点から、ビタミン・ミネラルを考慮したバランスのよい食事計画をアスリートだけでなく指導者も含めて考える必要がある。また、骨をつくることを手助けするビタミンDは、太陽の紫外線を浴びることでもつくられることから、過度な UV ケアは避け適度に太陽光を浴びる機会が必要である。それでも、屋内競技や冬に曇りが多い日本海側などでは、紫外線を浴びる機会がどうしても減少してしまう。ビタミンDは、食事からも摂取することが可能であるため、競技環境や地域の季節特性に合わせて栄養面を考慮する必要がある。

　そのほかにも、女性アスリートは無月経となる割合が非常に高く、ホルモ

図 6-6　女性アスリートの三主徴

利用可能エネルギー不足

無月経　　　　　　　　　　　　　　　　　　骨粗鬆症

ンバランスの崩れ（エストロゲンの低下）を引き起こしやすい。この場合には 2 〜 4 倍ほど疲労骨折になりやすい。閉経や無月経による卵巣からのエストロゲン分泌量低下は、骨を溶かす側に大きく傾いてしまう。結果として、骨は弱く骨折しやすい状態に陥ってしまう。無月経は、審美系や持久系アスリートに多くみられる。無月経になるトリガーには、精神的・身体的ストレスなども含まれるが、LEA やそれにともなう体重・体脂肪率の減少が大きな要因であると考えられている。つまり、栄養不足に加えてエストロゲン低下が骨を加速度的に脆弱にしてしまう（**図 6-6**）。

2　骨の建築現場 −つくる人・壊す人・指示する人−

　ここからは、骨のミクロの世界で起こっているしくみについて説明していく。骨には 3 種類の細胞が存在する（**図 6-7**）。古い骨を壊すのが破骨細胞、新しい骨をつくるのが骨芽細胞である。そして、彼らの司令塔的役割を果たしているのが骨細胞である。この三者は協力しあって 2 つの戦略を実行している。

図 6-7　骨に存在する 3 つの細胞の役割

骨吸収　　　　　　　　　　　　骨形成
破骨細胞が骨を壊す　リモデリング　骨芽細胞が骨をつくる

骨細胞は骨吸収・骨形成の現場監督

（1）モデリングとリモデリング

　第1の戦略がモデリングである。この戦略は成長期に起こり、次々に新しい骨をつくることで身長が伸びたり、骨が太くなったりすることを目的に実行される。

　第2の戦略がリモデリングである。この戦略は古い骨を壊し新しい骨に入れ替えることをさし、生涯にわたって実行され続ける。リモデリングは、健康な骨（質のよい丈夫な骨）を維持するために非常に重要な役割を果たしている。たとえば肌では古い角質が剥がれ、新しい皮膚に入れ替わり（肌の代謝）が起きているように、骨でも同じような骨の代謝が起こっている。このリモデリング工程は、毎日少しずつ行われ、ひとたび入れ替え戦が始まると、その箇所が新しい骨に入れ替わるのに3か月程度を要する。こうした地道な入れ替えが日々行われ、1年かけて約20％の骨が新しい骨に置き換わっている。また、年を重ねるとつくり変えられるスピードが落ちることを考慮したとしても、すべての骨が入れ替わるのに5～10年かかるといわれている。

（2）骨吸収と骨形成

　破骨細胞が骨を壊すことを骨吸収と呼び、骨芽細胞が新しい骨をつくることを骨形成と呼ぶ。興味深いことに正反対の作用をもつ2つの細胞は、無秩序に破壊と修復を行わない特徴がある。リモデリングが行われる際、破骨細胞が古い骨を壊すとメッセージ物質が放出される。骨芽細胞は、そのメッセージ物質を頼りに壊された骨の修復を始める。この関係性は、両者で起こっており、骨芽細胞が骨の修復を終えると、再び破骨細胞がやってくるというしくみになっている。私たちの社会と同じように、2つの細胞はさまざまなメッセージ物質をやり取りしながら、互いにコミュケーションを図っている。このように、骨吸収と骨形成が秩序よく交互に仕事をする関係をカップリングと呼ぶ。

（3）骨細胞と力学的ストレス

　骨には自分自身に加わる力によって生じる歪みの大きさを一定に保とうとするユニークな性質がある（メカノスタット理論）。破骨細胞や骨芽細胞は、骨の表面にいてリモデリングを成立させているが、骨細胞は骨の中に埋もれている存在である。一見、役割があまりなさそうな場所に存在しているが、実は骨細胞こそがメカノスタット理論を成立させるため現場監督役として指揮をとっている。具体的な骨細胞の仕事は分析と指示の2つがある。まず、分析では骨に加わる力をセンサーとして感知している（メカノセンシング）。

次に指示では、感知した情報から破骨細胞と骨芽細胞に対し骨吸収と骨形成のバランスをどの程度にするのかという指示（メカノトランスダクション）をして再構築（リモデリング）内容を変更している。

　たとえば宇宙飛行士が宇宙へ行った場合、無重力で宙に浮き上がり歩いたりする際の衝撃すらない環境となる。この環境下では縮小路線の設計指示が出される。つまり、骨細胞は力学的環境が弱ければ、それを感知し、それに見合った強度設計しか行わない。このような力学的ストレス環境に応じて再構築（リモデリング）を行うことを Wolff の法則と呼ぶ。

　結果として、宇宙飛行士が長い期間宇宙に滞在すると、地球に帰還した時に年齢に関係なく非常に骨折しやすい状態になってしまう。このような現象は、何も宇宙空間などの特異的な環境だけで起こるのではなく、寝たきりや活動量の低下でも起こる。そういった意味で、私たちは運動という手段を用いて、現場監督役の骨細胞を刺激する必要がある。

（4）骨代謝回転速度が与える影響

　骨粗鬆症は、骨吸収と骨形成によるバランスの破綻によって最終的に破骨細胞による骨吸収が優位になることで生じる。これには大きく 2 つ異なるタイプが存在し代謝回転速度（置き換わる速度）が関係している。置き換わりが遅いタイプを低代謝回転型、置き換わりが速いタイプを高代謝回転型と呼ぶ。ここでは、加齢と閉経のそれぞれでどのように骨粗鬆症に向かっていくのかを紹介する。

　まず、加齢による骨粗鬆症は低代謝回転型が関係してくる（図 6-8 の中央）。私たちと同様に、破骨細胞も骨芽細胞も年を重ねるにつれ、その働きが弱くなりつくり変える代謝回転が遅くなる。これが同程度の機能低下であれば、単に置き換わりが遅くなることで済むのだが、細胞たちの老化はカップリングにも不調和を引き起こす。具体的には、破骨細胞の機能低下以上に骨芽細胞の機能が著しく低下してしまう。その結果、相対的に骨吸収が優位となり老人性骨粗鬆症になってしまう。

図 6-8　加齢と閉経による骨粗鬆症の違い

バランスのとれた状態　　加齢による「低代謝回転型」　　閉経による「高代謝回転型」

次に、閉経後や無月経などホルモンバランスの崩れによる骨粗鬆症は、高代謝回転型が関係してくる（図6-8の右）。骨を壊すことは建物と同じで、新しくつくるよりも簡単で短時間で済む。具体的な速度は、破骨細胞が2～4週間かけて壊した部分に対し、骨芽細胞が新しい骨を埋め込むのには2か月以上を要するといわれている。そこで、**エストロゲン**という女性ホルモンは、破骨細胞に対し一定のブレーキ作用をもつことで、骨芽細胞が新たな骨をつくる猶予期間を与えている。ところが閉経や無月経になると、エストロゲンが減少してしまい、このブレーキが外れてしまう。その結果、破骨細胞による骨吸収スピードに歯止めが効かなくなり、骨を弱くしてしまう。もちろん、エストロゲンが減少してもカップリング機構は存在するため、骨芽細胞も最大速度で追いつこうと頑張るものの間に合わない状態となり骨は次々に溶かされていく。このように、代謝回転が速くても遅くても、そのバランスが崩れることで骨粗鬆症になってしまう。

4 骨とメカニカルストレス

　骨はメカノスタット理論やWolffの法則にしたがい、運動などで力学的ストレスが加わると強くなる。実際、ラットなどの実験動物を使い、骨が折れるまでの強度測定を行った結果、運動をしたほうが強くなるという報告が多い。

運動条件と骨の変化

　運動には、運動の種類・強度・頻度・時間などさまざまな条件がある。ここでは、骨密度、海綿骨構造、皮質骨構造などに着目し、運動条件が骨強度に対し、どのような影響があるのかをみていく。

　まず、運動の種類としては、ハイインパクトなジャンプ運動、ミドルインパクトな走行運動、ローインパクトな水中運動に大別される。多くの研究結果において、インパクト強度が高い運動のほうが骨を強くする効果が高いというコンセンサスが得られている。ハイインパクトとミドルインパクトを比較したラット用いた研究では、尾部懸垂（後ろ足が地面に着かないよう飼育）を14日間することで強制的に骨粗鬆症となるモデルを作成し、その後の運動効果について検証している。各群分けは、自然回復させる群、トレッドミル走行を実施する群（1時間/日、速度：25 m/分）、床からの電気刺激で強制的にジャンプトレーニングを実施する群（10回/日、40 cmのジャンプ）

に分け、5 週間介入した後に比較した。その結果、骨密度に関してはジャンプトレーニング群がもっとも改善効果が大きかった（図 6-9）。一方、海綿骨構造に着目すると、骨梁幅はジャンプトレーニング群が大幅に改善しているのに対し、骨梁の数という点ではトレッドミル走行群が大幅に改善することが報告されている（図 6-10）。ここでは、トレーニングの種類・強度・時間要因なども異なるため、運動に含まれるさまざまな要因は、異なる場所に影響を与えている可能性もある。また、4 週間のジャンプトレーニングとト

図 6-9　運動様式の違いによる骨密度の比較

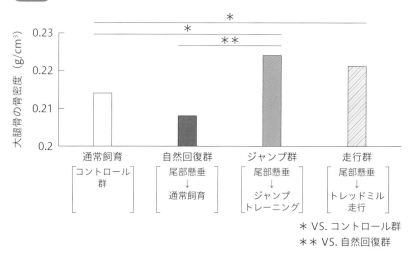

出典　Ju Yong-In, Sone T, Ohnaru K, Choi, Hak-Jin, Fukunaga M. Differential effects of jump versus running exercise on trabecular architecture during remobilization after suspension-induced osteopenia in growing rats. *J Appl Physiol*. 112: 766-772, 2012. をもとに筆者作成

図 6-10　運動様式の違いによる海綿骨構造の比較

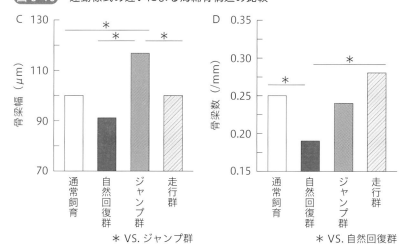

出典　Ju Yong-In, Sone T, Ohnaru K, Choi Hak-Jin, Fukunaga M. Differential effects of jump versus running exercise on trabecular architecture during remobilization after suspension-induced osteopenia in growing rats. *J Appl Physiol*. 112: 766-772, 2012. を一部改変

レッドミル介入で皮質骨を比較した研究でも、ハイインパクトなジャンプトレーニングのほうが骨形成に効果があることが示された。ヒトでも、ジャンプ系やコンタクト系スポーツ競技などのような体重の何倍もの衝撃力が骨に加わることで、その部位の骨密度は高くなる。つまり、運動時間の長さよりも強度の強さ（＝衝撃力の強さ）が骨にとって重要な因子であることがわかる。

　一方、ローインパクトな水泳運動などでは、骨密度や骨構造とともに改善するといった報告や変化しないといった報告など一定の見解が得られていない。これは、運動の強度・時間設定だけでなく、対象年齢や性別・骨粗鬆症の有無など条件によっても報告内容が異なることから、運動による恩恵は受けにくい可能性がある。これらのことからも、より衝撃の強いトレーニング様式のほうが骨に対しての有効性が高い。それでも、運動の効果は骨だけでないことや水中という浮力が生じる特別な環境下では、関節痛などがある人にとって有益な運動方法であるため、状況・条件なども加味して運動の種類を選択する必要がある。

　運動の頻度や時間などでは、その効果は不明な点が多い。たとえば、有効性の高いジャンプトレーニングを単純に2倍実施しても、骨に対して2倍の効果を発揮するわけではないようだ。このように、一定閾値以上・一定回数を超えた場合に、その効果が高止まりすることを天上効果と呼ぶ。また、高齢者でもジャンプトレーニングの有効性は示されているものの、その恩恵は若年者に比べ小さくなる。これは、骨細胞や骨芽細胞の働きが老化により衰えていたり、栄養が不十分であったりするなどさまざまな可能性が指摘されている。運動効果の最大化をするためには、個人因子も関与してくる可能性があることから、その強度・頻度・時間などについては現在も研究が進められている。

2 運動効果の持続性

　運動量は、年齢とともに減少していく傾向にある。特にスポーツ競技を学生時代に行っていた若者は、社会人になり自らの家庭をもったりすると、余暇としてのスポーツでさえ機会を得ることが難しくなってくる。当然、スポーツを継続したとしても、骨密度は20歳台をピークに徐々に減少していく（図6-4）。しかし、若い時期に貯金した骨の強さは、無駄にはなっていない。たとえば、ラットにジャンプトレーニングを8週間実施すると、24週間後も骨強度や骨密度が高く保たれていた。実際、学生時代にバスケットボール

部やバレーボール部に所属していたハイインパクト運動群と部活動に所属していなかった非運動群の閉経後の女性たちを比較すると、ハイインパクト運動群のほうが骨密度が高く保たれ、構造的にも強いままであることがわかっている。したがって、若い時期にできるだけ骨を強くしておき、中高齢以降も定期的な運動をすることが骨折を予防するもっとも重要な戦略として位置づけられている。

3　高地トレーニング

　持久力を必要とする多くのトップアスリートが大会前に高地トレーニングを実施している。その目的は低酸素環境でトレーニングを行うことで、心肺機能を高めるためである。実は骨もその一翼を担っている。標高の高い低酸素環境では、赤血球のヘモグロビンに結合する酸素が圧倒的に少ない。そのような環境にいると、腎臓からエリスロポエチンというホルモンが放出される。エリスロポエチンの作用は、赤血球の産生であり、それをつくる工場は骨髄である。そうして骨でつくられた大量の赤血球たちにより、少ない酸素を少しでも多く取り込もうとする。その結果、低地に戻ると、筋への酸素運搬能をもつ赤血球が大量にあることで、飛躍的に持久力が改善する（図 6-11）。しかし、その効果は赤血球の寿命が 120 日であり一時的であることから、トップアスリートたちは、大会直前に腎臓と骨の関係性を利用するために高地トレーニングを行っている。

図 6-11　高地トレーニングのイメージ

低酸素環境下の運動による体内の変化

| ホルモン「エリスロポエチン」（EPO）増加 | ▶ | EPO が骨髄に届く | ▶ | 新たな赤血球がつくられ全身に酸素が運ばれる | ▶ | 酸素運搬能が向上し、筋持久力が向上する |

参考文献

遠藤直人編『骨粗鬆症のすべて』南江堂，2007.

須田立雄，小澤英浩，髙橋榮明，田中栄，中村浩彰，森諭史編『新　骨の科学』医歯薬出版，2007.

厚生労働省「日本人の食事摂取基準（2020年版）」
　https://www.mhlw.go.jp/stf/newpage_08517.html

能瀬さやか，土肥美智子，難波聡，秋守惠子，目崎登，小松裕，赤間高雄，川原貴「女性トップアスリートにおける無月経と疲労骨折の検討」『日本臨床スポーツ医学会誌』22（1）：67-74，2014.

宮村実晴編『運動生理学のニューエビデンス』真興交易医書出版部，2010.

Ju Yong-In, Sone T, Ohnaru K, Choi Hak-Jin, Fukunaga M. Differential effects of jump versus running exercise on trabecular architecture during remobilization after suspension-induced osteopenia in growing rats. *J Appl Physiol*. 112（5）：766-772, 2012.

学びの確認

（　　　　　）に入る言葉を考えてみよう。

①骨には体内の（　　）％のカルシムが貯蔵されている。

②骨の強度は骨密度が（　　）％を占め、骨質部分が（　　）％を占める。さらに、骨質の要因は、（　　　）と（　　　）に細分化される。

③骨の石灰化に必要な栄養素であるビタミンDは食品（魚介類やキノコ類）からの摂取のほかに、太陽からの（　　　　）を浴びることで生成される。

④Low Energy Availability（LEA：利用可能エネルギー不足）とは、（　　　）エネルギーより（　　　）エネルギーが極端に大きい栄養不足の状態をさす。

⑤女性の無月経や閉経により（　　　　　　　）というホルモン分泌が低下すると骨折リスクが上昇する。

⑥骨には（　　　）細胞・（　　　）細胞・（　　　）細胞の３種類が存在している。

⑦骨は力学的ストレス環境を感知して、その歪みの大きさを一定に保とうする（　　　　　　）理論の働きが存在する。

骨は利他の心で生きている
―骨を鍛えて全身を元気に―

鹿屋体育大学／田巻弘之

　骨は骨格という言葉が表すように、身体を支えるフレームとしての役割が広く知られています。強い衝撃力（ストレス）がかかってもしなやかに耐え、筋肉や腱に引っ張られれば、ただ黙って言う通りに動くのです。されど筋肉や心臓のようなダイナミックな派手さはなく、脳や神経のように大事にされたり称賛されたりもしません。一見、ただフレームとして働くだけの地味な存在のように見られるかもしれません。

　一方で少し角度を変えて骨を見つめ直してみた人々が世界中に現れ始めました。中でも近年、骨からホルモンのような物質（生理活性物質；サイトカイン＝骨から出てくるので特にオステオカインと呼んだりもします）がつくられ、しかも微量ながら血中に放出されて全身をめぐり、他臓器、他組織、他細胞を活性化するという、とてつもなく重要な働きをしていることが見つかってきました。このようなしくみは筋肉でもみられ（特にマイオカインという）、自分（骨、筋）でつくった物質を自分だけで使うのではなく、ほかのところにも送り届けて活性化させる利他的なしくみが身体には備わっているのです。

　さて、骨の場合も多種多様な物質（オステオカイン）をつくっていることが発見されました。近年注目されてきているオステオカルシン（OCN）（図）は骨芽細胞でつくられていて、いろいろなプロセスを経て最終的に骨から出て血中に入って全身をめぐります。ホルモンと同様にその受容体（GPRC6A）が存在する細胞には何らかの影響を及ぼすと考えられます。たとえばOCNは膵臓（ランゲルハンス島β細胞）へはインスリン分泌を促すことが知られており、結果として糖代謝やエネルギー代謝を活性化する働きがみられています。また、肝臓や骨格筋、脂肪組織ではインスリン感受性を高め、脂肪蓄積を抑えたりします。これは血糖値が高い人やいわゆるメタボが気になる人には朗報かもしれません。さらに、脳の認知機能を改善したり精巣でのテストステロン分泌を促したりもするとされ、いろいろな組織で活性化を促す効果があるとわかっています。これ

らの効果は、私たち運動、スポーツにかかわる人々の観点からは、運動介入をしたときの効果によく似ている気がします。

　そこで、このようなサイトカインはどうすればよりつくられるようになるのか、世界中で調査されてきましたが、「運動刺激」はとてもよい効果をもたらすといわれ、運動の新たな効果として体育・スポーツ、トレーニング科学の分野でも注目されています。とりわけOCNは骨組織から放出されますので、運動などで生じる骨への「力学的刺激」は重要な因子となります。いわゆる筋トレはもちろん、トレーニングの世界ではよく知られる短時間高強度運動（HIITもしくはTABATAトレーニング）でもこのOCNの分泌が高まることが知られるようになってきました。短時間でも骨に力学的ひずみ（力学的ストレス）を与えることが重要なポイントで、外的衝撃力に黙ってしなやかにひずんでいた骨は、コツコツと他組織・他細胞を元気にする物質をつくっては放出するという賞賛すべき働きをしていることになります。

　「はた（傍）を楽にしてこそ、はたらく」。骨は働くことの意味などにはおかまいなく、ただ今日も黙ってひずみながら全身を元気にしているのかもしれません。

図　骨へのメカニカルストレスで放出されるオステオカインの他組織への影響

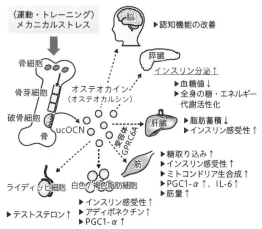

運動と循環

なぜこの章を学ぶのですか？

　私たちが日々の生活や運動を行うためには、多くのエネルギーを生み出す必要があります。しかし、これは各筋や臓器が単独で行えることではありません。身体が正常な機能を維持するためには、心臓と心臓を中心とした体中に張り巡らされたエネルギー供給回路がとても重要です。

第 7 章の学びのポイントは何ですか？

　心臓と心臓を中心とした循環系の構造とその働きについて学びます。また、心臓は身体を動かすエンジンと捉え、それらがどのように調節されているかを理解することが重要です。

＼ 考えてみよう ／

① 運動をすると心拍数はどのように変化する？
なぜ変化する？

② トレーニングをすると心臓はどのように変化する？

1 心臓循環系の概要と心臓の基本構造

　心臓循環系は心臓を中心として身体中に張り巡らされたエネルギー供給回路である。心臓は全身に血液を効率よく送り出せる構造になっており、酸素が含まれた血液を全身に供給し、酸素が不足した血液を肺に送り出すことで酸素を再供給する。

心臓循環系とは

　心臓は私たちが生きている間絶えず動き続け、常に身体中に血液を送り出すポンプの役割をしている。また、心臓を出た血液は血管を通って各組織に運ばれる。このように、心臓や血管から構成される全身に張り巡らされた回路を心臓循環系と呼ぶ（図 7-1）。

図 7-1　心臓循環系の構造

酸素があまり含まれない血液　　　　　　　　酸素を多く含む血液

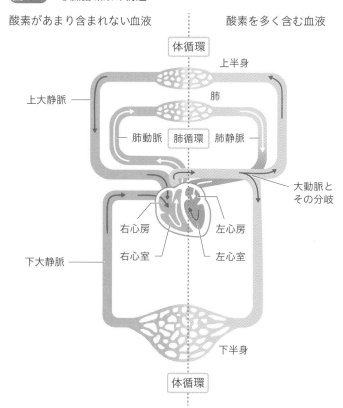

体循環
上半身
上大静脈
肺
肺動脈　肺循環　肺静脈
大動脈とその分岐
右心房
左心房
右心室
左心室
下大静脈
下半身
体循環

2 心臓循環系の構造

　心臓の重要な役割は、私たちが活動するために必要な酸素や栄養素を全身に供給することである。心臓を出た血液は、動脈を通って筋肉などの末梢の組織に酸素供給を行い、その後、組織でつくられた不要物（代謝産物や二酸化炭素など）を取り込み、静脈を通って心臓に戻ってくる。この心臓−末梢の循環回路を体循環（大循環）と呼ぶ。心臓に戻ってきた血液は、不要物を排出し、失った酸素を取り込むために心臓から肺動脈を通って肺に送り出される。その後、肺で酸素を取り込んだ血液は肺静脈を通って心臓に戻ってきて、再び全身に送り出される。この心臓−肺の循環回路を肺循環（小循環）と呼ぶ。心臓循環系は、この体循環と肺循環の2つの回路を通って無限にループするため、心臓を中心とした閉鎖回路と考えることができる。この2つの回路を覚える際に注意したい点は、動脈と静脈の考え方である。体循環においては、酸素を多く含んだ血液が通る血管を動脈と呼ぶため、「酸素が含まれた血液が通る−動脈」と覚えがちだが、肺循環においては酸素が含まれていない血液が通る血管を肺動脈と呼ぶため、そのような覚え方は間違いである。正しくは、各回路において心臓から出た血液が通る血管を動脈（肺動脈）と呼び、心臓に戻ってくる血液が通る血管を静脈（肺静脈）ととらえることである。

3 心臓の構造

　心臓は、心筋という特殊な筋肉に包まれた握りこぶし程度の大きさの円錐型をした臓器であり、左右それぞれの心房と心室の4つの腔からなる（図7-2）。心臓のポンプ作用は、心臓全体を包み込み血液を送り出す固有心筋と、拍動のリズムを調節する特殊心筋によってなり、収縮・弛緩を繰り返すことで各腔を血液が出入りすることによって生じている。また、左右の心房は体循環および肺循環において心臓に戻ってくる血液を受け止め、左右の心室は体循環および肺循環において血液を心臓から送り出す働きをもっている。心房と心室の間には、逆流を防ぐための弁（片方向にしか開かない扉）が備わっており、右心房と右心室の間の弁を三尖弁、左心房と左心室の間の弁を僧帽弁という。また、心房心室間と同様に、右心室と右心室から肺へと送り出す血液が通る肺動脈との間には肺動脈弁、左心室と左心室から全身へと送り出す血液が通る大動脈との間には大動脈弁があることで、逆流を防ぎ

図7-2　心房と心室の働きと弁

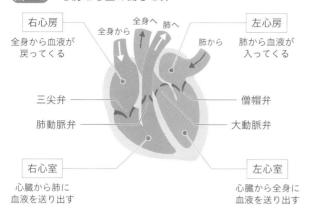

右心房　全身へ　肺へ　左心房
全身から　全身から　肺から
全身から血液が　肺から血液が
戻ってくる　入ってくる

三尖弁　　　　　　　　僧帽弁
肺動脈弁　　　　　　　大動脈弁

右心室　　　　　　　　左心室
心臓から肺に　　　　　心臓から全身に
血液を送り出す　　　　血液を送り出す

つつ全身や肺に血液を送り出すことができる。

2　心臓の拍動と血液の拍出

　心臓は私たちが死ぬまで動き続ける臓器である。この心臓は、心筋と呼ばれる特殊な筋肉が電気信号によって収縮・弛緩を繰り返すことで血液を全身に送り出す。また、全身に送り出される血液は1回の拍動で送り出す血液量と、拍動回数である心拍数によって決定される。

1　心臓の収縮のしくみと心拍数

　心臓は常に一定のリズムで拍動を続ける自動性をもっている。それでは、その拍動やリズムは何がどのように調節しているのだろうか。心臓が拍動を行うリズムは、洞房結節からの電気信号によって決定されている。洞房結節で発生した電気信号は、電気信号の中継地点である房室結節へと伝わり、ヒス束→右脚・左脚→プルキンエ線維と呼ばれる刺激伝導系を伝わって収縮を行い、その後弛緩する。この拍動にともなう電気信号を体表面から記録したものが心電図（electrocardiogram：ECG）である（**図7-3**）。洞房結節で発生した電気信号は心房を興奮させることでP波を起こす。次に、房室結節からプルキンエ線維へと伝わる際に心室を興奮させることでQ、R、S波を起こす。その後、収縮した心室が回復（弛緩）する段階でT波が起こる。このように、洞房結節で発生した電気信号から始まり、心室が回復するまで、電気信号が順々に心臓を伝わっていくことでスムーズに血液を送り出すことができる。この1回の拍動にともなう一連の流れを心周期と呼ぶ。また、

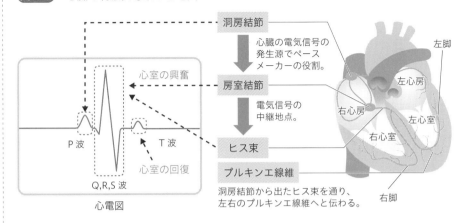

図 7-3 心臓の刺激伝導系と心電図

心臓の電気信号の発生源でペースメーカーの役割。

洞房結節

房室結節

電気信号の中継地点。

ヒス束

プルキンエ線維

洞房結節から出たヒス束を通り、左右のプルキンエ線維へと伝わる。

心臓の1回の拍動が1分間に繰り返される回数を心拍数と呼び、健常成人では約60拍／分である。心拍数は主に交感神経や副交感神経といった自律神経系によって調節されており、正常より多い場合を頻脈、少ない場合を徐脈と呼ぶ。そのため、安静時の心拍数を詳細に検討することで、自律神経系の評価を行うことができる。

2 心臓の収縮・弛緩と1回拍出量

　心周期には、心室が収縮する収縮期と弛緩する拡張期がある。収縮期には心室から全身や肺に血液を送り出し、拡張期には心室内に新たな血液を充満させる働きがある。収縮と拡張が交互に行われることによって絶えず心臓から血液を送り出すことができる。1回の収縮・拡張によって心臓から拍出される血液の量を1回拍出量と呼び、心室が最大拡張した（もっとも広がった）際の心室の容積（拡張終期容量）と心臓が最大収縮した（もっとも縮まった）際の心室の容積（収縮終期容量）の差から求めることができる（1回拍出量＝拡張終期容量－収縮終期容量：**図 7-4**）。成人男性の安静時の1回拍出量は約70 mL 程度である。

図 7-4 1回拍出量の決定要因

拡張終期容量　　　　収縮終期容量　　　　1回拍出量

　1 回拍出量の式から考えると、1 回拍出量の決定には拡張終期容量と収縮終期容量が重要なことがわかる。拡張終期容量は、心臓に戻ってくる血液の量（静脈還流量）が増えるほど大きくなる。心臓にはゴム風船のような能力が備わっており、静脈還流量が増加し、拡張終期容量が大きくなるほど、もとの大きさに戻ろうとする力が大きく働き 1 回拍出量が増加する。このようなしくみをスターリングの心臓の法則という。また、静脈還流量以外にも心臓や心室のそもそもの大きさも拡張終期容量を変化させる要因の 1 つであり、年齢や性別などによっても 1 回拍出量は異なる。一方、収縮終期容量には心臓そのものの収縮力が影響しており、拡張終期容量が変化しない場合にも、神経性の調節により収縮力が変化することで 1 回拍出量が変化する。

3　血管の構造と血圧

　心臓から送り出された血液は、動脈を通って各臓器に送り届けられる。各臓器では動脈が細分化され毛細血管となり、心臓に血液を送り戻す静脈へとつながる。心臓だけではなく、血管の拡張・収縮によっても循環する血液量を調節しており、その程度を簡易的に示すのが血圧である。

1　血管の種類と構造

　血管は心臓から送り出された血液を全身に運ぶための管であり、私たちの身体のあらゆる部位に分布している。血管は、その構造や働きの違いにより大きく 3 種類に分かれており、心臓から組織まで血液を運ぶ動脈、組織から心臓まで血液を運ぶ静脈、動脈と静脈をつなぎ、組織に酸素や栄養素などの供給を行う毛細血管から構成されている（図 7-5）。

図 7-5　血管の構造

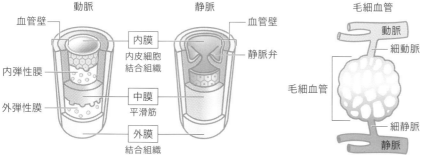

（1）動脈

　動脈は結合組織である外膜、平滑筋からなる中膜、および内皮細胞などからなる内膜から構成され、弾性組織に富んだ血管である。心臓から送り出された血液は最初に直径2〜4cmの太い血管である大動脈を通る。動脈では心臓から押し出された際にかかる衝撃が吸収される。その後、細動脈となって組織内に入り込んでいく。細動脈は平滑筋が発達しており、血管の収縮・弛緩を行うことによって抵抗を変化させることから抵抗血管とも呼ばれる。

（2）静脈

　静脈は、動脈と同様外膜、中膜、内膜の3層構造からなるが、平滑筋と弾性線維は乏しく、動脈よりも血管壁が薄い。静脈は組織から心臓へと血液を戻す働きをもつため、逆流を防ぐ弁が存在する。また、静脈には循環する血液量の約75%程度まで貯留することができ、血液貯蔵の役割をもった容量血管とも呼ばれる。

（3）毛細血管

　心臓を出た血液は動脈から細動脈と枝分かれを繰り返し、毛細血管として全身の組織内に分布している。毛細血管の直径は約6〜8μmであり、血管壁も極めて薄い。毛細血管では流れる血液から組織への酸素や栄養素の供給が行われ、組織から血液へと二酸化炭素や老廃物の取り込みが行われる。このように、組織と毛細血管では私たちの活動に必要な物質交換が行われることから、交換血管とも呼ばれる。

2　血圧

　私たちが日々の生活の中で目にする循環にかかわる指標の1つに血圧がある。一般的に、この血圧は動脈血圧をさし、血液が流れる動脈に対して内側から血管にかかる圧力のことを示している。動脈血圧は心臓の収縮期にもっとも高くなり、拡張期にもっとも低くなることから、それぞれ収縮期血圧（最高血圧）と拡張期血圧（最低血圧）と呼ぶ。また、心周期における動脈血圧の変動を平均化したものを平均血圧と呼び、平均血圧＝［収縮期血圧－拡張期血圧］×1/3＋（拡張期血圧）で表される。

　動脈血圧は動脈の内側から血管にかかる圧であるため、その血管を流れる血液の量や勢いと血管自体の抵抗（流れやすさ）によって決まる。たとえば、前述したように動脈血圧は心周期によって変化し、心臓が血液を最大限押し

図 7-6　動脈血圧の考え方

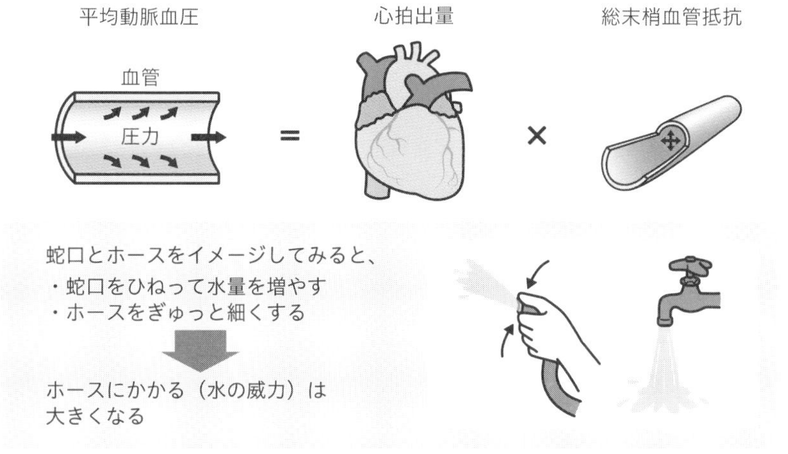

平均動脈血圧　　　　　　　　心拍出量　　　　　　　総末梢血管抵抗

血管

圧力

= ×

蛇口とホースをイメージしてみると、
・蛇口をひねって水量を増やす
・ホースをぎゅっと細くする

ホースにかかる（水の威力）は
大きくなる

出した際には動脈血圧は高くなる。これは、心臓の収縮による一時的な拍出量の増加によって血管の内部にかかる力が増加するからである。一方で、心臓が拡張し、心臓からの拍出量が一時的に減少すると血管の内側にかかる力は小さくなる。また、血管自体の流れやすさは主に血管の径（収縮・拡張の程度）によって変化し、流れる血液量が一緒の場合でも、血管が収縮して血液が通りにくいと血管の内側にかかる力は大きくなり、血管が拡張して血液が通りやすいと血管の内側にかかる力は小さくなる。このように、動脈血圧は心臓からの拍出量と総末梢血管抵抗（全身の血管抵抗の合計値）との関係からも算出することができ、平均動脈血圧 = 心拍出量（1 分間に心臓から拍出される血液量）× 総末梢血管抵抗で表される（図 7-6）。

4　循環調節のしくみと運動による適応

　全身に送り出される血液量を変化させる心臓の働きや血管の収縮・拡張は、身体が必要とする量や身体の状態を細かく読み取ることで適切に調節されている。また、運動時に生じるダイナミックな循環の変化は、それを繰り返すことによって運動に適応していく。

心臓循環系における循環調節

　心臓循環系における中心はポンプとして働く心臓であり、心臓から送り出された血液は血管を通して末梢に運ばれることから、心臓が担う循環作用や血流調節を中心循環と呼び、それに対し、血管が担う循環作用や血流調節を

図 7-7 心拍出量とその規定要因

SV ：stroke volume
HR ：heart rate
CO ：cardiac output

末梢循環と呼ぶ。私たちが日々の生活の中で経験するさまざまな状態変化、たとえば、座った状態から立ち上がったり、運動をしたり、熱いお風呂から冷えた部屋に出た時などにおいて、身体機能を正常に保つ上で、中心循環と末梢循環による血流調節機能は非常に重要な働きをもっている。

　中心循環における大きな調節作用の1つは心臓から送り出す血液量の変化である。心臓が1分間に全身に送り出す血液量を心拍出量と呼び、この心拍出量は、心臓が1回で送り出す血液量である1回拍出量と、心臓が1分間に血液を送り出す回数である心拍数の積から求めることができる（**図 7-7**）。

　一方で、末梢循環における調節作用の大部分は、動脈による血管拡張・収縮作用によってなされている。動脈における血管拡張・収縮作用は、身体のそれぞれの部位で状況によりその働きを変化させる。これにより、中心循環で調節された全身に送り出された血液を「どこに、どれくらい送るか」を末梢循環で調節することができる。

2 循環する血液の配分と運動時の血流再配分

　全身を流れる血液量やその配分は私たちの状態や環境によって変化する。中心循環における心拍出量の調節によって総量が決定され、末梢循環における血管調節でその配分が決定される。一般的に、常温の環境で安静状態を維持している時の心拍出量は約 5 L/ 分であり、その多くは脳や腎臓、その他の臓器に配分されている。一方、運動時には中心循環と末梢循環における調節により心拍出量とその配分が大きく変化し、心拍出量は約 25 L/ 分まで増加し、その多くが運動に用いる骨格筋に配分される（**図 7-8**）[1]。このような作用を血流再配分と呼ぶ。

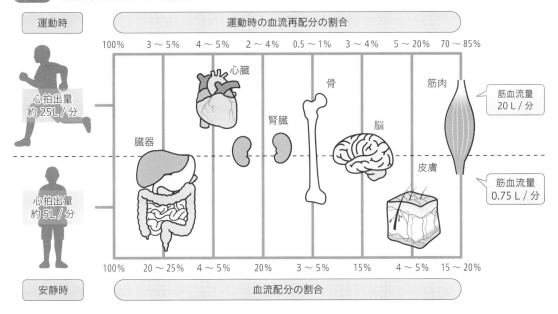

図 7-8　安静時と運動時の血流配分

（運動時）

運動時の血流再配分の割合

| 100% | 3〜5% | 4〜5% | 2〜4% | 0.5〜1% | 3〜4% | 5〜20% | 70〜85% |

心拍出量
約25L／分

心臓　腎臓　骨　脳　筋肉　皮膚　臓器

筋血流量
20 L／分

筋血流量
0.75 L／分

心拍出量
約5L／分

| 100% | 20〜25% | 4〜5% | 20% | 3〜5% | 15% | 4〜5% | 15〜20% |

（安静時）

血流配分の割合

3 中心循環における運動時の循環調節

運動時には、エネルギー産生にともなう骨格筋への酸素供給や代謝産物の除去のために心拍出量が増加する。安静時の心拍出量が約 5 L/ 分であるのに対し、運動時の心拍出量は運動強度とともに増加し、よくトレーニングした健常成人であれば約 40 L/ 分にも達する。この心拍出量の増加には、心拍出量の規定要因である心拍数と 1 回拍出量の増加が貢献している[2]。

運動時の心拍数は、心拍出量と同様に運動強度とともに直線的に上昇する（図 7-9）。最大運動時にみられる心拍数の最大値を最高心拍数という。最高心拍数は加齢とともに低下するという背景から、推定式によっても求めることが可能であり、若年〜中年までは最高心拍数＝220 −年齢、高齢者では最高心拍数＝208 −（年齢×0.7）によって推定することができる[3]。

運動中の心拍数の上昇は、自律神経系の心臓交感神経と心臓副交感神経によって調節されている。交感神経と副交感神経は心拍調節のアクセルとブレーキの役割をしており、それぞれの加減によって心拍数（拍動のスピード）が決定される。たとえば、アクセルである交感神経の活動が高まることや、ブレーキである副交感神経の活動が弱まることで心拍数は上昇し、血管は収縮する。一方、アクセルである交感神経の活動が弱まったり、ブレーキである副交感神経の活動が高まることで心拍数は低下し、血管は弛緩する。運動時の心拍数の上昇は、どちらか一方の働きのみで起こるわけではなく、運動

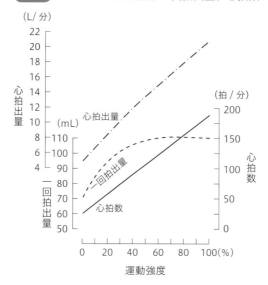

図 7-9 運動時の心拍出量、1 回拍出量、心拍数

出典　Astran PO, Rodahl K, 朝比奈一男監訳 , 浅野勝己訳『オストランド運動生理学』大修館書店 , pp.88-136, 1976.

心拍出量、心拍数は、運動強度にともない直線的に増加。1 回拍出量は、最大強度の 40 〜 60％程度までは増加し、その後は横ばいとなる。

図 7-10 心拍数と交感・副交感神経の働き

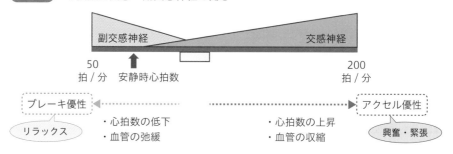

強度の高まりとともに副交感神経の活動が弱まり、交感神経の活動が高まる、つまり、ブレーキを緩めてアクセルを強めることで生じる（**図 7-10**）[4]。

　心拍数は、運動強度とともに上昇するといった特性から身体にかかる生理的負荷を示す指標として扱うことができる（**図 7-11**）。安静時の心拍数や最高心拍数は個人によって異なり、最高心拍数に達するまでの予備心拍数（最高心拍数 − 安静時心拍数）も異なる。最高心拍数に対する運動中の心拍数の相対値（運動時心拍数 / 最高心拍数）×100 や、予備心拍数に対する安静時から運動時の心拍数の差の相対値（運動時心拍数 − 安静時心拍数 / 予備心拍数）×100 を求めることで、私たちの能力の何％を利用して運動していたのかを知ることができる。

図 7-11 身体負荷の指標としての心拍数

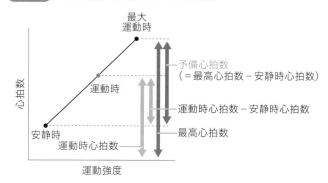

①心拍数の絶対値
・安静時心拍数
・最高心拍数
　若年～中年：【220 − 年齢】拍／分
　高齢者：【208 −（年齢 × 0.7）】拍／分

②最高心拍数に対する相対値 ＝ $\dfrac{\text{運動時心拍数}}{\text{最高心拍数}}$ ％

③予備心拍数に対する相対値 ＝ $\dfrac{\text{運動時心拍数} − \text{安静時心拍数}}{\text{予備心拍数}}$ ％

　心拍出量のもう 1 つの規定要因である 1 回拍出量は、最大運動強度の 40％程度までは運動強度の増加とともに増加するが、その後はそれ以上増加せず横ばいとなる。運動中の 1 回拍出量の増加には、交感神経の活動が高まることによって起こる心臓の収縮力の増加と静脈還流量の増加が貢献しているが、収縮力の増加はわずかであり、その大部分は静脈還流量の増加によって生じる。

　運動時に静脈還流量が増加する主な要因は 2 つ挙げられる。1 つは、筋ポンプ作用である。筋ポンプ作用は、運動時の骨格筋収縮により静脈血管に対して機械的な圧迫がかかることにより、骨格筋内の静脈に貯留する血液を心臓に押し戻すポンプ作用である。もう 1 つは、呼吸ポンプ作用である。呼吸ポンプ作用は、吸気により広がった胸郭内部の圧力が陰圧になることで血液を心臓方向に吸い戻す作用である。特に、これらの作用は立位運動時において、重力により身体下部に貯留してしまう血液を効率よく心臓に戻す作用がある。これらにより、静脈還流量が増加することでスターリングの心臓の法則が働き、1 回拍出量の増加につながる。

4 末梢循環における運動時の循環調節

　運動中に循環血流量を増加させる働きをもつ中心循環の調節に対し、末梢循環の調節は血管の拡張・収縮による血流再配分の働きをもつ。ある一定の負荷の運動を開始した時には、運動に使用する骨格筋に配分される血流量が速やかに増加し、およそ 30 ～ 90 秒で一定の値を示す（図 7-12）。この速やかな血流量の増加には、先述した心拍出量の増加だけでなく、骨格筋におけるエネルギー産生時に生じた二酸化炭素や水素イオンといった代謝産物による血管拡張作用（代謝性調節）や骨格筋内の血管に流れる血流速度の上昇による血管拡張（血管内皮由来の調節）が影響していると考えられている。一方で、運動にともなう交感神経活動の亢進は血管を収縮させる作用をもち、運動に用いる骨格筋以外の"運動の維持に不要な部位"への血流供給を減少させることで、骨格筋へ優先的に血流配分することができる。この時、骨格筋内の血管では交感神経活動の亢進による収縮作用を上回る拡張作用によって活動筋血流量が増加する機能的交感神経遮断が生じる[5]。

図 7-12　運動時の活動筋血流量の変化の模式図

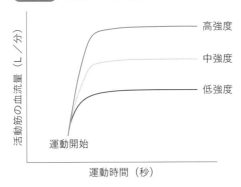

5 トレーニングと心臓循環系の適応

　トレーニングは、トレーニングの種類や競技特性に応じた心臓循環系の適応を引き起こすことが知られている。

　中心循環に対するトレーニングの効果の1つに心臓の肥大があり、トレーニングに対する心臓の適応（心肥大）をスポーツ心臓と呼ぶ。これまで、スポーツ心臓には持久型（陸上長距離種目など）とレジスタンス型（ウェイトリフティングなど）の2種類があるといわれてきたが、現在では前述の2

図 7-13　スポーツ心臓の種類

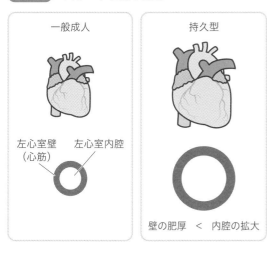
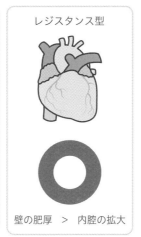

つにこれらの混合型（自転車競技など）を含めた３種類あると考えられている[6]。スポーツ心臓における心肥大のメカニズムには、心臓の収縮力の増加にかかわる心筋の肥大と全身に送り出す血流を増加させるための左心室の拡大の２つがある（図 7-13）。レジスタンス型や混合型は、超高強度のレジスタンス運動による血圧の増加に対抗して拍出を行うため、一般人や持久型と比較して心筋が肥大する。一方、持久型や混合型はトレーニングによる血漿量の増加などにより循環血液量が増大することで、一般人やレジスタンス型と比較して左心室容積が拡大し、１回拍出量が増大する。

　持久トレーニングを継続することによって持久型や混合型のアスリートに生じる左心室容積やそれにともなう１回拍出量の増加は、安静時や運動時の心拍数の低下につながる。これは、心拍出量の規定要因の１つである１回拍出量が増加するにもかかわらず、安静時および一定負荷運動時に必要な心拍出量は大きく変化しないためである。

　中心循環における適応に対して、末梢循環においては骨格筋中の毛細血管自体の数や動員する毛細血管数の増加、非活動部位からの血流再配分効率の増加などが生じることにより、運動する骨格筋への血流供給が増加する。また、持久トレーニングにより生じる血漿量の増加も、活動する骨格筋への血流供給を増加させる。このように、トレーニングによる持久力の向上や耐久性の増加は、トレーニングによる中心および末梢循環機能の適応によって生じる。

引用文献

1) Kenney WL, Wilmore JH, Costill DL. The cardiovascular system and its control. *Physiology of sports and exercise* (7th edition), Human kinetics, 168. 2020.

2) Astran PO, Rodahl K, 朝比奈一男監訳, 浅野勝己訳『オストランド運動生理学』大修館書店, pp.88-136, 1976.

3) Tanaka H, Monahan KD, Seals DR. Age-predicted maximal heart rate revisited. *J Am Coll Cardiol.* 37 (1):153-156, 2001.

4) White DW, Raven PB. Autonomic neural control of heart rate during dynamic exercise: revisited. *J Physiol.* 592 (12):2491-2500, 2014.

5) Hartwich D, Fowler KL, Wynn LJ, Fisher JP. Differential responses to sympathetic stimulation in the cerebral and brachial circulations during rhythmic handgrip exercise in humans. *Exp Physiol.* 95 (11):1089-1097, 2010.

6) Pluim BM, Zwinderman AH, van der Laarse A, van der Wall EE. The athlete's heart. A meta-analysis of cardiac structure and function. *Circulation* 101 (3):336-344, 2000.

学びの確認

(　　　　　) に入る言葉を考えてみよう。

①心臓から全身の末梢組織につながる循環回路を（　　　　　）、心臓から肺につながる循環回路を（　　　　　）と呼ぶ。

②心臓を出た血液は、（　　　　）血管とも呼ばれる動脈を通り組織に送られ、組織を通った血液は（　　　　）血管と呼ばれる静脈を通って心臓に戻る。

③心臓の収縮は交感・副交感神経といった（　　　　　　）によって調節されており、1分間に心臓が拍動する回数を（　　　　　）と呼ぶ。

④運動時には心拍出量が増加することで全身に送る血液量が増えるが、この時、活動筋では（　　　　　　　）が生じることで血流供給を維持する。また、運動時に起こる血流配分の変化を（　　　　　）と呼ぶ。

⑤動脈の血管内部にかかる力を（　　　　　　）と呼び、心拍出量と血管の収縮・弛緩の程度で変化する（　　　　　　）の積によって決定する。

⑥トレーニングによって生じる肥大型の心臓の適応を（　　　　　　　）と呼ぶ。

運動後のクラクラや失神の原因は？
―運動後低血圧と二酸化炭素―

北海道教育大学／土橋康平

みなさんは高強度の運動（自転車やランニング）後に、頭痛や頭がクラクラして動けなくなったり、気持ち悪くなったりした経験はあるでしょうか。たとえば、駅伝などを見てみると、走った直後に倒れている選手が多く見られますね。時には失神（意識の消失）している人もいます。このような失神は脳の血流量が低下し、酸素供給が一時的に制限されることが原因の1つであるとされています。では、高強度の運動後にはなぜこのような脳血流量の低下が起こるのでしょうか。

その1つに、動脈血圧の低下があります。通常、動脈血圧は安静・運動時ともに適切な値になるよう自動的に調節されています。しかしながら、前述した高強度の運動後には動脈血圧は運動前の安静時よりも低下してしまうことがあり、これを運動後低血圧といいます。この運動後低血圧が生じる要因として、運動時に生じた活動筋における血管拡張が運動後にも持続すること、交感神経活動が低下することなどが挙げられます。この動脈血圧の低下により脳血流量が低下し、失神などが生じるとされています。

2つ目に、二酸化炭素（CO_2）の過度な排出があります。みなさんもきつい運動をした後、呼吸が荒くなりゼーハーした経験が一度はあると思います。実はこの時、体内にある CO_2 が過剰に排出され、体内の CO_2 の量（分圧）が低下します。脳の血管の拡張程度はこの CO_2 に強く依存し、体内の CO_2 分圧が低下すると脳血管の収縮が生じ、脳血流量が低下します。また、この CO_2 の変化に対する脳血管の収縮（・拡張）具合は安静時よりも運動後の方が強くなるとされています。すなわち、単純に運動前に CO_2 が低下することによる脳血管の収縮よりも、運動後のほうが同じだけ体内の CO_2 が低下しても脳血管の収縮程度が大きくなってしまうのです。したがって運動後には、脳血流量の低下がより大きくなり、頭のクラクラや失神が生じやすくなってし

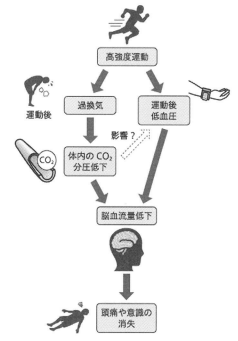

図 高強度運動後の頭痛や意識の消失が生じるメカニズム

高強度運動

過換気　　運動後低血圧

運動後

影響？

体内の CO_2 分圧低下

脳血流量低下

頭痛や意識の消失

破線矢印は可能性を示します。

まうということになります。また、近年の研究では、体内の CO_2 分圧が低下することで脳血管だけではなく運動時の動脈血圧が低下することが示唆されています。そのため、運動後に生じる CO_2 の過剰な低下によって、動脈血圧がさらに低下する可能性もあるのです（図）。

みなさんは循環調節を考える上で、ましてや普段の生活ですら CO_2 のことを考えることは多くなかったと思います。人間の循環調節にはまだまだわからないことが多くあり、日々研究が進んでいます。私自身もまさか CO_2 に着目をして研究を行うとは思ってもみませんでした。このコラムをきっかけに、一人でも多くの方に生体の循環調節に興味をもっていただけると幸いです。

運動と呼吸

なぜこの章を学ぶのですか？

　私たちが普段、無意識のうちに行う呼吸は心臓循環系の働きやエネルギー代謝とともにヒトの活動を担う重要なシステムの1つです。呼吸が上手に機能しなければ、心臓循環系による全身への酸素供給もできず、エネルギーを生み出すこともできません。つまり、呼吸器の構造や役割を学ぶことは高い運動パフォーマンスを発揮するために非常に重要です。

第8章の学びのポイントは何ですか？

　呼吸器系の基本構造と呼吸がどのように調節されているかを理解します。また、呼吸によってどのように酸素が血液に取り込まれるかを理解し、運動時の反応やトレーニングに対する適応を理解します。

考えてみよう

① 息を止める（意図的に呼吸を停止する）と苦しく感じるのはなぜ？

② トレーニングをすることで持久力が高まるのはなぜ？

1 呼吸器系の基本構造と換気

呼吸によって私たちの口や鼻を通して外気を体内に取り込み、不要なものを体外に吐き出す。気体を出し入れする換気には肺が重要であり、気体を体内に貯めこむだけでなく、肺を取り巻く呼吸筋の働きにより吸気と呼気を調節する。

1 呼吸とは

私たちは日常生活の中で、意識をすることなく空気を吸うことと吐くことを繰り返している。息を吸うこと（吸息・吸気）と吐くこと（呼息・呼気）の一連の繰り返し動作を呼吸と呼ぶ。呼吸の重要な役割は、私たちが生きることや運動に必要なエネルギーをつくるために酸素を体内に取り入れることだけではなく、その過程でつくり出された二酸化炭素を吐き出すこと、さらには体内の酸素と二酸化炭素のバランスを適切に維持することである。

2 呼吸器の構造と肺でのガス交換

呼吸によって口や鼻から体内に取り込まれた空気は咽頭や喉頭を経て、気管および左右に分かれた気管支を通って肺に取り込まれる。肺の中に取り込まれた空気は、さらに細かく枝分かれした気管支（細気管支）を通って、肺胞と呼ばれる袋状の器官に取り込まれる（図 8-1）。肺胞では、肺胞を包み

図 8-1　呼吸器系の構造

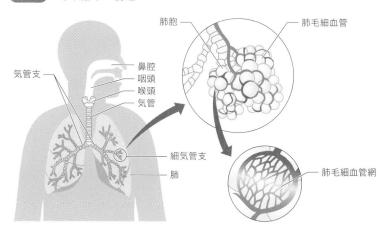

込むように張り巡らされた肺毛細血管との間でガス交換を行い、酸素を血液中に取り込み、血液中から不要な二酸化炭素などを肺胞に送り出す。

3 換気のしくみとその様相

　呼吸は、空気の出入りを含んだ機能的なガス交換を示すが、この機能的な側面とは別に、肺を空気が出入りすることを換気といい、実際に肺から吐き出された空気の量を換気量（肺換気量）という。一般的には、1分間でどれくらいの空気を吐き出したかを示す分時換気量が換気の指標として用いられる。この分時換気量は、1分間に吐き出した空気の総量を示すことから、1回で吐き出した空気量である1回換気量と、1分間に行った呼吸の回数である呼吸数の積によって求めることができる。健康な成人男性では、分時換気量は約5～10L、呼吸数は10回程度である。

　換気は、外界から空気を肺の中に取り込み、肺の中の空気を吐き出すことを繰り返すが、この空気の出し入れはどのように行われているのだろうか。肺は、肋骨に囲まれた胸腔の内部にあり、下側は横隔膜と呼ばれる筋肉の膜に覆われている。換気にはボイルの法則という圧力と気体の体積に関する物理法則が大きくかかわっている。吸気時には、横隔膜が収縮することで下に下がり、肋骨に付着する外肋間筋が収縮することで胸腔を広げる。この時、広げられた胸腔の内部は圧力が低下して陰圧になることで、外部から空気が流入する。一方、呼気時には、横隔膜および外肋間筋が弛緩して胸腔が狭まるとともに、膨らんだ肺がもとに戻るための弾性力を発揮することで空気が外部へと押し出される（図8-2）。

図8-2　胸腔と換気のしくみ

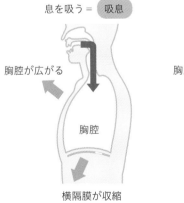
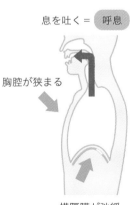

息を吸う＝ 吸息　　　　　　息を吐く＝ 呼息

胸腔が広がる　　　　　　　胸腔が狭まる

胸腔

横隔膜が収縮　　　　　　　横隔膜が弛緩

図 8-3　スパイログラムからわかる呼吸の様相

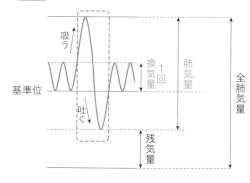

1回換気量
約 500 mL（健常成人）

肺気量
●成人男性
　約 3,000〜4,000 mL
●成人女性
　約 2,000〜3,000 mL

　普段、私たちがどのような呼吸をしているのかは、出し入れする空気の量やその速度を測定するスパイロメーター検査を行うことで知ることができる。スパイロメーター検査を行うことで表される呼吸の様相を示すグラフをスパイログラムという（**図 8-3**）。スパイログラムでは、呼吸曲線が上に向かう局面は吸気、下に向かう局面は呼気を示し、安静時に行う呼吸において呼気から吸気に変わる最下点（基準位）から吸気から呼気に変わる最上点の幅が1 回換気量を示す。さらに、最大努力の吸気と呼気を行うことで、その人の肺気量（肺活量）を知ることができる。一方、最大努力で呼気を行った場合にも肺が完全にしぼむわけではなく、肺に残った空気の量である残気量と肺気量をあわせたものを全肺気量という。肺気量は、身体の大きさによって決まり、一般的な成人男性では約 3,000 mL、成人女性では約 2,000 mL 程度である。

2　ガス交換と呼吸の調節

　気体の出し入れをとらえる換気に加えて、気体に含まれた酸素の取り込みや体内の二酸化炭素の排出を行う呼吸はガス交換によって行われる。ガス交換は血液や体内と取り入れた気体の酸素・二酸化炭素濃度の勾配によって起こり、呼吸は体内の酸素・二酸化炭素濃度によって調節される。

1　気体の分圧と体内におけるガス交換

　私たちを取り巻く大気は、およそ 21% の酸素と微量の二酸化炭素を含むが、そのほかの大部分は窒素から構成されている。この複数の気体から構成された大気の圧は 760 mmHg であることから、そのうち酸素による圧は、

図 8-4 外呼吸と内呼吸の模式図

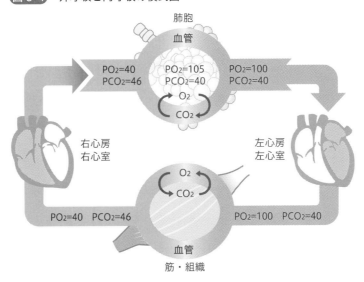

肺胞

血管

PO₂=40
PCO₂=46

PO₂=105
PCO₂=40

O₂
CO₂

PO₂=100
PCO₂=40

右心房
右心室

左心房
左心室

O₂
CO₂

PO₂=40　PCO₂=46

PO₂=100　PCO₂=40

血管

筋・組織

760×0.21=159.6 mmHg と求めることができる。各気体がつくり出す圧力をその気体の分圧といい、前述の式から大気中の酸素分圧（PO_2）が159.6 mmHg ということがわかる。

　ガス交換は、各気体の分圧が異なる 2 つの物質間で行われる（**図 8-4**）。たとえば、身体外部から肺胞内に取り入れた新鮮な空気の酸素分圧はおよそ 105 mmHg、二酸化炭素分圧（PCO_2）はおよそ 40 mmHg である。一方、身体に酸素を供給し、肺に戻ってきた血液の酸素分圧はおよそ 40 mmHg、二酸化炭素分圧はおよそ 46 mmHg である。この時、気体のもつ分子は分圧が高いほうから低いほうに移動するといった特性をもち、肺胞から血液へと酸素が取り込まれ、血液から肺胞へと二酸化炭素が取り出される。このような気体分子の移動を拡散と呼ぶ。その後、組織に送られた血液は、血液 – 組織間においても同様にガス交換を行う。肺胞において行う、外部から取り入れた空気と血液の間のガス交換を外呼吸といい、組織の毛細血管において行う、血液と組織の間のガス交換を内呼吸という。

2 酸素飽和度と酸素供給

　酸素は血中に取り込まれる際、血中のヘモグロビンに結びつき各組織に運搬される。血液に含まれる酸素と結びついているヘモグロビンの割合を酸素飽和度といい、すべてのヘモグロビンが酸素と結びついている場合に 100%となる。

図 8-5 　酸素解離曲線と pH、温度変化によるシフト

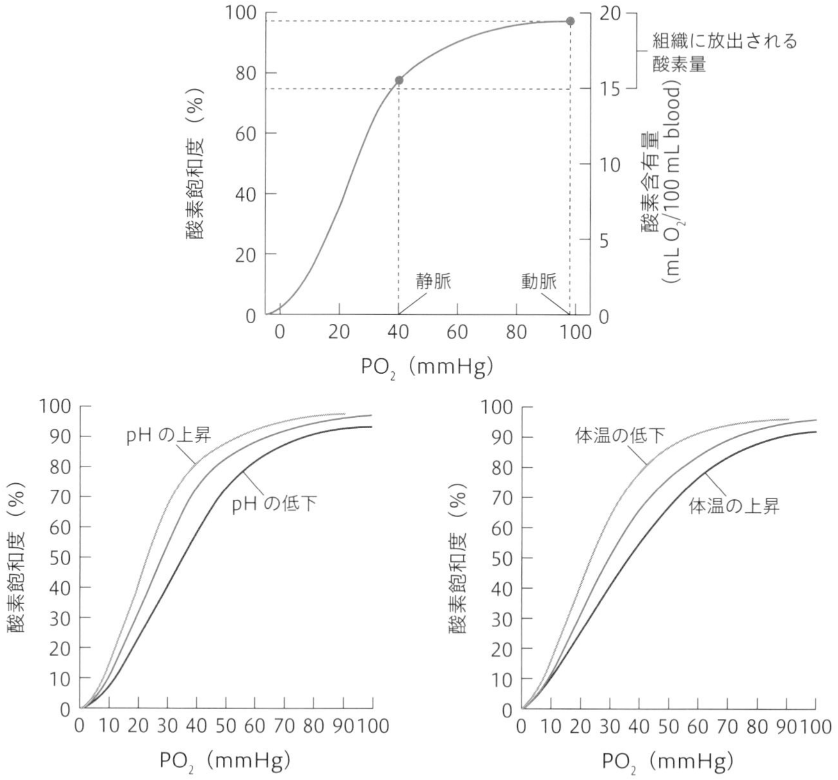

図 8-5 は、酸素分圧（PO_2）と酸素飽和度の関係を表したグラフであり、この 2 つの関係を表した S 字型の曲線を酸素解離曲線という。酸素解離曲線から、組織内で行われる酸素供給を考えることができる。酸素分圧がほぼ 100 mmHg である動脈血では、酸素飽和度はほぼ 100% を示す。ここから全身の組織を経由し、酸素分圧が 40 mmHg ほどである静脈までの間に、この曲線における 2 点の酸素分圧の酸素飽和度の差分が組織に放出された酸素量を示している。また、この酸素解離曲線は、体内の pH や体温の変化によって左右にシフトし、pH の低下や体温の上昇によって、より多くの酸素を放出するようになる。

3　呼吸の調節と運動による呼吸の変化

　ここまで呼吸のしくみや役割について述べてきたが、この呼吸は一体どのようにして調節されているのだろうか。呼吸の重要な役割は「酸素を取り込み、二酸化炭素を吐き出すことで、体内の酸素と二酸化炭素のバランスを適

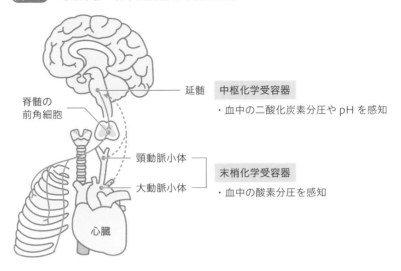

図 8-6　呼吸中枢・化学受容器と呼吸の調節

脊髄の
前角細胞

延髄　　中枢化学受容器
・血中の二酸化炭素分圧や pH を感知

頸動脈小体
大動脈小体　　末梢化学受容器
・血中の酸素分圧を感知

心臓

切に維持すること」である。呼吸の調節には、まさしくこの「体内の酸素と
二酸化炭素」によって調節されている。私たちの呼吸は脳にある延髄という
部分が調節している。延髄は中枢化学受容器とも呼ばれ、主に血中の二酸化
炭素分圧や pH を感知し、それらが適正値から外れれば適切な範囲に戻すよ
うに働く。また、大動脈や頸動脈には末梢化学受容器と呼ばれる小体があり、
こちらは主に血中の酸素分圧を感知して、呼吸中枢に指令を送る。たとえば、
体内の二酸化炭素分圧が上昇したり、酸素分圧が低下すれば、中枢および末
梢の化学受容器を介して換気を増加させ、酸素を取り込み、二酸化炭素を吐
き出す量を増やすように働く（図 8-6）。対して、体内の二酸化炭素分圧が
低下したり、酸素分圧が上昇すれば、中枢および末梢の化学受容器を介して
換気を低下させ、不要な酸素の取り込みを制限し、二酸化炭素の過剰な排出
を防ぐ[1]。

　運動中や運動後には、呼吸が荒くなる（換気が増加する）ことをみなさん
も経験しているのではないだろうか。運動による呼吸の変化も前述の化学受
容器による調節が密接に関連しており、運動中には換気が増大する。これに
は、運動によって体内での酸素消費が増えることや、エネルギー産生にとも
なう二酸化炭素の排出による体内の酸素分圧と二酸化炭素分圧の変化が関連
している。ある一定の負荷の運動時には、運動開始後の換気量の増加は呼吸
数の素速い増加によって起こり、それに続いて 1 回換気量が増加すること
で体内の酸素・二酸化炭素分圧のバランスを保つ（図 8-7）。また、運動強
度が増加すると必要なエネルギー量も増加することから、酸素需要や二酸化
炭素産生量の増加にあわせて運動中の換気量は増加する。

図 8-7　運動にともなう換気の立ち上がり

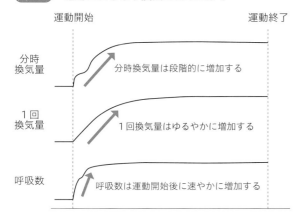

運動開始　　　　　　　　　　　　　　　　運動終了

分時
換気量　　　　　　　　分時換気量は段階的に増加する

1 回
換気量　　　　　　　　1 回換気量はゆるやかに増加する

呼吸数　　　　　　　　呼吸数は運動開始後に速やかに増加する

3　酸素摂取量と運動中の代謝

　運動時には酸素を大量に消費する。体内で使用した酸素の量は酸素摂取量として表され、最大酸素摂取量は全身持久力の指標としても用いられ、競技種目によってさまざまである。また、運動中や運動後の代謝からどのようなエネルギーをもとに運動を行ったかを推定でき、酸素摂取量とあわせてトレーニングによる適応が起きる。

1　酸素摂取量

　私たちの身体では、生きるために必要なエネルギーを常に生成しており、それに見合った酸素を生体内で常に摂取・消費している。また、運動時には、さらなる酸素摂取・消費によって運動を行うために必要なエネルギーを生み出している（**図 8-8**）。1 分間に体内に摂取する酸素の量を酸素摂取量

図 8-8　酸素摂取量とエネルギー産生

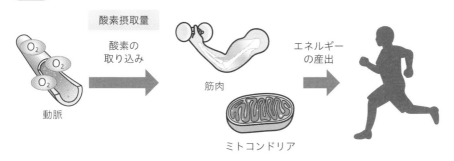

酸素摂取量

酸素の
取り込み

エネルギー
の産出

O₂　O₂　O₂

動脈

筋肉

ミトコンドリア

図 8-9 フィックの式

$$\underset{(\mathrm{mL/min})}{\text{酸素摂取量（}\dot{V}O_2\text{）}} = \underset{\text{（1回拍出量 × 心拍数）}}{\text{心拍出量}} \times \underset{(CaO_2 - CvO_2)}{\text{動静脈酸素較差}}$$

（$\dot{V}O_2$）という。

　酸素摂取量は、心臓が1分間に送り出す血液の量である心拍出量と、動脈を通して送られた血液から組織内でどの程度の酸素を取り込んで静脈に流入したかを示す動静脈酸素較差（動脈と静脈の含有酸素量の差：$a\text{-}vO_2\mathrm{diff}$）の積によって求められる。また、心拍出量は心拍数と1回拍出量の積によって決定されるため、酸素摂取量（$\dot{V}O_2$）=1回拍出量×心拍数×動静脈酸素較差（$a\text{-}vO_2\mathrm{diff}$）で表すことができる。このような関係を表す式をフィックの式という（**図 8-9**）。

2 最大酸素摂取量

　酸素摂取量は有酸素性エネルギー供給量を示す指標であるため、運動強度にともない直線的に増加する。しかしながら、酸素摂取量は無限に増加するわけではなく、あるところで最大に達し、それ以上は増加しなくなる。この酸素摂取量の最大値を最大酸素摂取量（$\dot{V}O_2\mathrm{max}$）といい（**図 8-10**）、そのヒトのもつ最大の有酸素エネルギー供給能力を反映していることから、全身持久力の指標としても用いられる。フィックの式からもわかるように、運動中の酸素摂取量の増加は心拍出量（心拍数および1回拍出量）と動静脈酸素較差の増加によって生じ、最大酸素摂取量が計測される際にはそれぞれの値は最大値（最大心拍出量および最大動静脈酸素較差）に達していると考えられる。

図 8-10 運動強度と酸素摂取量の関係

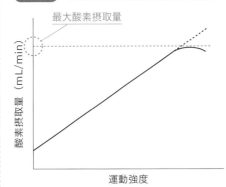

- 酸素摂取量は運動強度の増加にともない増加する
- あるところで最大に達し、それ以上は増加しない

有酸素によるエネルギー供給の限界値

　最大酸素摂取量は、体格や筋量にも大きな影響を受けるため、個人の能力の指標として用いる場合には一般的に体重 1 kg あたりの相対値で表す。たとえば、体重 60 kg のマラソンランナーと体重 80 kg のラグビー選手の最大酸素摂取量がそれぞれ 4,200 mL/ 分だったとする。最大酸素摂取量の絶対値が同一であった場合でも、酸素を使用できる組織の量が最大で 20 kg 違う両者の有酸素能力が同じであるとは言い難い。このような場合には、体重で除すことによって相対値を求めることで、体重差の影響を排除した有酸素能力を比較することができる。この例では、両者の最大酸素摂取量がそれぞれ 70 mL/kg/ 分と 52.5 mL/kg/ 分となり、絶対値は同等であったとしてもマラソンランナーの有酸素能力が高いと考えることができる。また、スポーツ競技によっても体格や有酸素能力に大きな差が生まれることから、最大酸素摂取量の相対値は競技の種類によって大きく異なる（図 8-11）[2]。

図 8-11　スポーツ種目と最大酸素摂取量（相対値）の関係

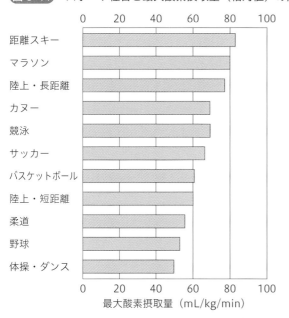

最大酸素摂取量（mL/kg/min）

出典　山地啓司『改訂　最大酸素摂取量の科学』杏林書院, p.77, 2001.

運動時間が長い競技では最大酸素摂取量が高く、運動時間が短い競技では最大酸素摂取量が低い。

3 運動時の酸素摂取量の測定とエネルギー源の推定

運動時の酸素摂取量は、どのようにして測定するのだろうか。本来であれば、実際に吸った空気や吐いた空気、また運動によって発生した熱量など、それらすべてを測定することができるヒューマンカロリメータといった施設を用いて測定する。しかしながら、多くの研究現場やスポーツ現場では、測定用マスクを装着して吸気と呼気のガス濃度を測定することで酸素摂取量をより簡便に推定する呼気ガス分析器を用いることが多い。呼気ガス分析では、酸素摂取量だけではなく二酸化炭素排出量も測定することができる。この2つの測定値から求められる、摂取した酸素に対して排出した二酸化炭素の量の割合を呼吸商（respiratory quotient：RQ）という。

呼吸商は、二酸化炭素排出量／酸素摂取量で求めることができ、運動時に用いたエネルギー源を推定することができると考えられている（図8-12）。たとえば、比較的強度の高い運動を行う際に糖質と酸素を用いてエネルギーをつくり出す時には、使用する酸素の量に対して産出される二酸化炭素の量の割合が1になる。一方、低強度の運動を行う際に脂肪と酸素を用いてエネルギーをつくり出す時には、酸素と二酸化炭素の割合は0.7になる。本来、どちらか一方だけを用いて運動を行うことはないが、運動中の呼吸商を確認することで、運動者が利用したエネルギー源や相対的な強度を推定することができる。

図 8-12　呼吸商とエネルギー源の推定

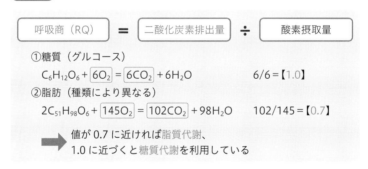

呼吸商（RQ）＝ 二酸化炭素排出量 ÷ 酸素摂取量

①糖質（グルコース）
$C_6H_{12}O_6 + \boxed{6O_2} = \boxed{6CO_2} + 6H_2O$　　　　6/6＝【1.0】

②脂肪（種類により異なる）
$2C_{51}H_{98}O_6 + \boxed{145O_2} = \boxed{102CO_2} + 98H_2O$　　102/145＝【0.7】

➡ 値が0.7に近ければ脂質代謝、1.0に近づくと糖質代謝を利用している

4 酸素借と酸素負債

　運動中には、有酸素性と無酸素性のエネルギー供給のどちらか一方しか用いないということはなく、常に 2 つのエネルギー供給能力を同時に用いている。運動を開始すると、酸素摂取量は運動に必要なエネルギー需要に見合ったレベルまで増加するが、直ちにそのレベルまで増加するわけではない。運動初期において、酸素摂取量がエネルギー需要のレベルに達するまでの不足分を酸素借という。中強度程度までの運動時には、酸素摂取量の増加によって必要なエネルギー供給をカバーできるため、運動中の酸素摂取量は一定になる（**図 8-13**）。一方で、酸素摂取量の増加では補えないような高強度の運動の場合には、酸素摂取量は一定の状態にはならずに疲労困憊に到達する。

　運動終了後には、エネルギーの産生は終了するが、酸素摂取量は直ちに安静レベルまで戻るわけではなく、しばらくの間、安静時よりも高い状態が続く。運動後に安静時の値に戻るまでの酸素摂取量を酸素負債（excess post-exercise oxygen consumption：EPOC）といい、酸素借が大きくなるような運動時に大きくなる。また、有酸素性エネルギー供給だけでは不十分な高強度運動を疲労困憊まで継続する場合には、有酸素性エネルギー供給で足りない分を無酸素性エネルギー供給で補い運動を継続していたと考えられる。このような場合には、運動後にみられる酸素負債は最大値に達し、最大酸素負債は無酸素性エネルギー供給能力を示すと考えられている。

図 8-13　運動時のエネルギー需要と酸素借・酸素負債

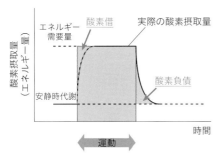
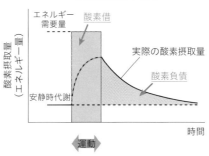

5 無酸素性作業閾値

　運動中は、強度の増加にともないメインとなるエネルギー供給系が有酸素性から無酸素性へと切り替わっていく。無酸素性エネルギー供給の割合が高くなる運動強度を無酸素性作業閾値（anaerobic threshold：AT）という（図 8-14）。

　ATの判別は、換気量や血中乳酸濃度を用いて行われる。換気量を用いて判別する方法では、強度の増加にともなう換気量を測定する。ある強度までは換気量は直線的に増加するが、その強度を超えると換気量の増加の程度が大きくなる（急峻になる）点がみられる。この点を換気閾値（ventilatory threshold：VT）といい、ATの指標として用いられる（図 8-15）。VTを境に換気量の増加の程度が大きくなる理由は、無酸素性エネルギー供給系に

図 8-14　無酸素性作業閾値の考え方

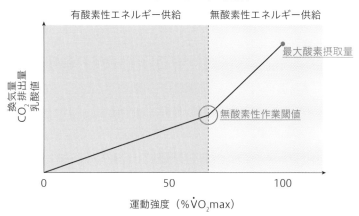

図 8-15　運動強度の増加にともない出現する換気閾値と乳酸閾値、OBLA

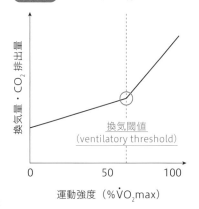
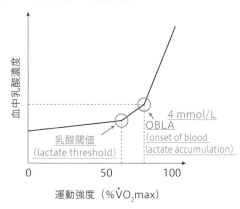

よってつくられる二酸化炭素や代謝産物の量が有酸素性エネルギー供給系によってつくられる量に加算され、体内に蓄積された二酸化炭素や代謝産物が呼吸中枢を刺激するからである。

　血中乳酸濃度を用いて判別する方法では、強度の増加にともなう血中乳酸濃度を測定する。この場合、ある強度まではほぼ一定の血中乳酸濃度を示すが、その強度を超えると血中乳酸濃度が増加し始める。この点を乳酸閾値（lactate threshold：LT）という。通常、VT と LT が出現する強度はほぼ同一であり、一般成人では最大酸素摂取量の 50 ～ 60% 程度の強度に相当する。また、LT の後にみられる血中乳酸濃度が 4 mmol/L に達する強度を OBLA（onset of blood lactate accumulation）と呼び、こちらも無酸素性作業閾値を示す指標として用いられる（図8-15）。

　VT や LT など無酸素性作業閾値以下の強度では、二酸化炭素や代謝産物の蓄積を抑えることができるため、比較的長い時間運動を継続することが可能である。トレーニングをすることで、無酸素性作業閾値が現れる強度は 70 ～ 80% と高強度側にシフトすることも知られおり、楽に運動を継続できる強度が高くなると考えられる。

6　トレーニングによるエネルギー供給能力の向上と運動パフォーマンス

　トレーニングによって運動能力が向上することは一般的だが、それはどのようなメカニズムで起きるのだろうか。トレーニングによる全身持久力の向上、すなわち最大酸素摂取量の向上は、フィックの式から説明することができる。最大酸素摂取量は、最大心拍出量と最大動静脈酸素較差の積によって決定される。前章において、トレーニングによる中心循環系の適応について述べたが、トレーニングによって起きる心臓の肥大やそれにともなう心拍出量の増加は、最大酸素摂取量の向上に直結する。また、最大動静脈酸素較差の向上には、組織内で酸素を利用するミトコンドリアの酸化能力が重要であり、こちらもトレーニングによって向上することが示されている。最大酸素摂取量は持久トレーニングや、近年トレーニング効果の高さによって注目されている高強度インターバルトレーニングによって、向上することが報告されている（図8-16）[3]。また、インターバルトレーニングは持久トレーニングでは向上しない最大酸素負債も向上することが報告されており、高強度インターバルトレーニングが有酸素および無酸素性エネルギー供給能力の向上に有用であることがわかる。

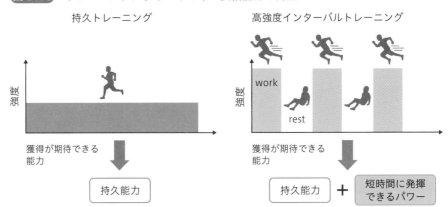

図 8-16 トレーニングによるエネルギー供給能力の向上

高強度インターバルトレーニングは有酸素および無酸素性エネルギー供給能力が鍛えられる！

図 8-17 有酸素性エネルギー供給能力と運動パフォーマンス

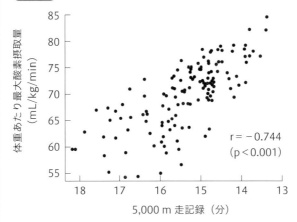

出典　豊岡示朗「長距離ランナーの"トレーニング可能性"と有酸素的パワー」『体育の科学』27(6)：436-441, 1977.

最大酸素摂取量が高いほど、5,000 m 走パフォーマンスは高い。

　それでは、全身持久力は実際には運動パフォーマンスにどの程度関係するのだろうか。**図 8-17** は最大酸素摂取量や LT と長距離走種目のパフォーマンスとの関係を検討したグラフである。このグラフをみてみると、最大酸素摂取量が高ければ高い選手ほど長距離走のパフォーマンスが高いことがわかる。このことは、有酸素エネルギー供給能力の指標が長距離走パフォーマンスと密接に関連することを示している[4,5]。すべてのスポーツ種目に直結するわけではないが、トレーニングによる運動能力の向上には、心臓の適応や毛細血管数の増加といった心臓循環系の機能向上、ミトコンドリアの酸化能力や無酸素性作業閾値の改善といった呼吸代謝能力の向上が重要になる。

引用文献

1) Waldrop TG, Eldridge FL, Iwamoto GA, Mitchell JH. Central neural control of respiration and circulation during exercise. In: *Comprehensive physiology*. 2010.

2) 山地啓司『改訂　最大酸素摂取量の科学』杏林書院, p.77, 2001.

3) Tabata I, Nishimura K, Kouzaki M, Hirai Y, Ogita F, Miyachi M, Yamamoto K. Effects of moderate-intensity endurance and high-intensity intermittent training on anaerobic capacity and $\dot{V}O_2$max. *Med Sci Sports Exerc*. 28 (10) :1327-1330, 1996.

4) 豊岡示朗「長距離ランナーの"トレーニング可能性"と有酸素的パワー」『体育の科学』27 (6) : 436-441, 1977.

5) Davis JA. Anaerobic threshold: review of the concept and directions for future research. *Med Sci Sports Exerc*. 17 (1) :6-21, 1985.

学びの確認

(　　　　　　) に入る言葉を考えてみよう。

①呼吸の様相を示すスパイログラムにおいて、1 回の呼吸で出し入れする空気量を（　　　　　　）と呼び、最大努力による呼吸によって出し入れされる空気量を（　　　　　　）と呼ぶ。

②ある混合気体の中で各気体がつくり出す圧力をその気体の（　　　）と呼び、身体内部で行われるガス交換は気体間の（　　　）の差によって生じる（　　　）の働きを利用して行われる。

③主な呼吸の調節は、酸素分圧を感知する（　　　　　）受容器と、二酸化炭素分圧を感知する（　　　　）受容器によって行われる。

④エネルギーを生み出すために 1 分間に体内に摂取する酸素の量を（　　　　　　）と呼び、（　　　　）の式によっても算出できる。

⑤運動初期において、酸素摂取量がエネルギー需要のレベルに達するまでの不足分を（　　　　）と呼ぶ。また、運動終了後に酸素摂取量が安静時の値に戻るまでの酸素摂取量を（　　　　）と呼ぶ。

⑥運動を維持する主なエネルギー供給系が有酸素性エネルギー供給から無酸素性エネルギー供給に切り替わるポイントを（　　　　　　　　）と呼ぶ。

なぜこの章を学ぶのですか？

　世界中で行われている多くのスポーツ活動は、必ずしも快適な環境下で行われるわけではありません。暑さや寒さに曝されつつも、ヒトの運動能力を最大限発揮することができるのは、体温調節反応が貢献しているからです。

第9章の学びのポイントは何ですか？

　体温はどうして変化するのか、変化した時にはどのようなことが起きるのかを理解します。また、体温を適切に維持することの重要性を学ぶことで、安全かつ高い運動パフォーマンスの発揮につなげることができます。

＼ 考えてみよう ／

① 運動すると汗をかくのはなぜ？

② 運動中の熱中症を回避しようと考えた時、運動環境のどのような指標をみて運動をするかどうかを決める？

1 ヒトの体温変化と体温調節

　私たちの体温は生活や運動を行う環境によってさまざまに変化する。私たちの身体は体温の恒常性を有しており、変化した体温を適切に維持するために上着を着脱するなどの行動や、汗をかいたりふるえたりといった体温調節反応を引き起こす。

1 ヒトの体温と恒常性

　私たちの生活する環境は必ずしも快適な環境ばかりではなく、夏になれば気温や湿度の高い暑熱環境、また、冬になれば気温の低い寒冷環境に曝される。私たちの身体では常に生きるためのエネルギーを産生しており、それと同時に熱が生み出されている。運動を行う場合には、さらなるエネルギー産生にともなう熱産生が行われる。このような外的・内的な要因の変化の中でも、私たちの体温が一定に保たれているのは、体温調節が行われているからである。このように、体温を一定に保つ働きを体温の恒常性（ホメオスタシス）という。

　私たちがよく目にする体温は、脇や口にはさんだり鼓膜に押し当てたりするタイプの体温計で測定する体温や、近年ではサーモグラフィ画像などがある。体温計で測定する体温は私たちの身体内部の温度である核心温度の指標であり、ヒトの核心温度は約 37℃ に保たれている。一方、サーモグラフィなどによって測定される体温は皮膚表面の温度であり、外殻温度と呼ばれる。核心温度はおよそ一定に保たれているのに対して、外殻温度は環境の変化によって大きく変化する（図 9-1）。

図 9-1　ヒトの体温とその種類

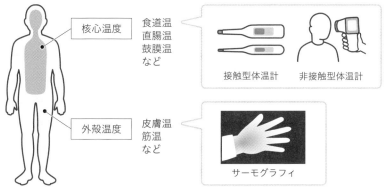

人の核心温度は約 37 ℃。外殻温度は環境によって大きく変化する。

2 熱の出納と体温

　私たちの体温が一定に保たれているのはなぜだろうか。ヒトの比熱は0.83であり、成人の1日のエネルギー消費量が約 2,000 ～ 3,000 kcal であることを考えると、この熱量は体重 60 kg のヒトの体温を約 30 ～ 50℃も上げてしまう。もしもこれと同等の放熱が行われず、産熱量（蓄熱量）が上回れば体温は上昇する。一方で、産熱量（蓄熱量）よりも放熱量が大きくなってしまうと体温は低下する（図 9-2）。このように、私たちの体温は生きるために必要な熱産生＋運動などにともなう熱産生で表される産熱量と、外部との熱交換によって行われる放熱量によって決まり、これらの熱量のバランスが同等になることによって体温は一定に保たれる。

図 9-2　熱の出納と体温変化

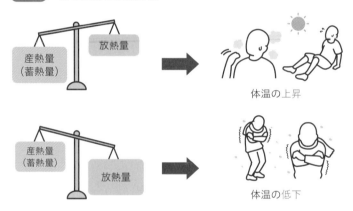

3 身体と外部環境の熱の移動

　身体内部に蓄積された熱はどのようにして外部に放熱されるのだろうか。私たちを取り巻く環境において熱の出納に影響のある因子は、気温や湿度、風の有無や気圧、また太陽による輻射などさまざまである（図 9-3）。これらの環境要因と身体の状態によって、伝導、対流、輻射、蒸発の4つの経路を介して熱の出納が行われる。伝導は、隣り合う組織間で起こる熱の移動である。たとえば、暑い日に冷えた飲み物が入ったグラスをもつと「冷たい！」と感じる。これは伝導によって私たちの手から冷えたグラスに熱放散が行われたことを表している。対流は、気体や液体の流れが身体と接触すると起きる熱移動である。たとえば、夏の日に暑さを和らげるために扇風機に当たる

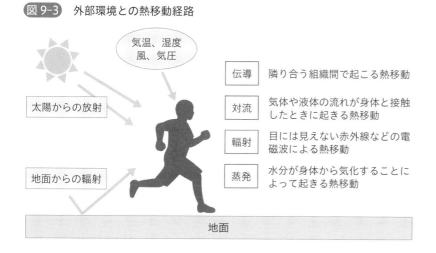

図 9-3　外部環境との熱移動経路

気温、湿度
風、気圧

太陽からの放射

地面からの輻射

地面

伝導	隣り合う組織間で起こる熱移動
対流	気体や液体の流れが身体と接触したときに起きる熱移動
輻射	目には見えない赤外線などの電磁波による熱移動
蒸発	水分が身体から気化することによって起きる熱移動

と涼しく感じる。扇風機で送られてくる風は冷やされていないのにもかかわらず涼しく感じるのは、身体に当たる風が対流によって熱を奪っていくからである。輻射は、目には見えない電磁波を介した熱移動である。屋外で運動する時は、気温が同一であったとしても晴れの日と曇りの日では温かさが違うのを経験したことがあるだろう。これは、太陽が発する目には見えない電磁波によって体内に熱が入ってくるからである。蒸発は、身体から水分が気化する時に熱を奪う性質による熱放散である。お風呂やプールから出た後に身体から水分を拭かずにいると身体が急激に冷えてしまうのは、蒸発による熱放散が起こるからである。伝導、対流、輻射は水分の有無は関係なく生じる熱移動のため乾性熱放散、蒸発による熱放散は湿性熱放散とも呼ばれる。

4 体温調節中枢と体温調節の種類

　私たちの身体のさまざまな部位には温度を感知する受容器が分布している。この温度受容器は身体の外殻部であれば皮膚の表面や筋、核心部であれば内臓などの温度の変化を感知し、体温調節の指令室である脳の視床下部に温度情報を送る。視床下部では、さまざまな部位から送られてきた温度情報が統合され、結果として体温調節反応を引き起こす。前述したように、私たちの身体に備わる体温調節機構は、核心温度を一定に保つために働いており、皮膚温などの外殻部の温度変化によって核心温度が変化する前に起こる調節をフィードフォワード調節機構、核心温度が変化した時にその温度をもとの基準値まで戻すように働く調節をフィードバック調節機構という。

　ヒトの体温調節反応には行動性体温調節反応と自律性体温調節反応の 2

図 9-4 行動性体温調節

行動性体温調節とは、暑さや寒さを回避する自発的な行動

暑いときには…

寒いときには…

種類がある。行動性体温調節反応は体温が上昇・低下した際に早い段階で生じる反応であり、「寒いから上着を着る」や「暑いから日陰に入る」などといった行動による調節である。この行動による調節には温度の変化だけでなく温度に対する感覚や快適性が重要であり、暑さや寒さとそれにともない生じる不快感によって引き起こされると考えられている。実際に、暑い環境において袖をまくる行為は皮膚の温度を低下させ、不快感を軽減することも報告されている（図 9-4）[1]。

　暑熱環境への暴露や運動などによって体温が上昇した時には、自律性体温調節反応である皮膚血管拡張と発汗が生じる（図 9-5）。皮膚血管拡張は皮膚表面に温かい血液を集中させ、伝導や対流、輻射といった経路を通して熱放散を促進する働きをもつ。また、発汗は皮膚に存在する汗腺を通して汗を分泌し、皮膚表面から汗を蒸発させることによって熱放散を行う。一方、体温低下時には、自律性体温調節反応である皮膚血管収縮とふるえ熱、非ふるえ熱産生が生じる。皮膚血管収縮は体温上昇時とは逆に、皮膚血管を収縮させることで温かい血液を身体の深部に移動させ、皮膚表面からの放熱を最小限に防ぐといった蓄熱の働きがある。また、ふるえ・非ふるえ熱産生はいずれも熱産生反応であり、ふるえ熱では筋の収縮・弛緩を繰り返し、運動による熱をつくり出す。非ふるえ熱産生では褐色脂肪細胞という細胞内において交感神経由来の代謝増加を引き起こし、熱をつくり出す[2]。これらの自律性体温調節反応はすべて私たちの意識とは関係なく行われる調節であり、体温の維持に重要な働きをもった生理応答である。

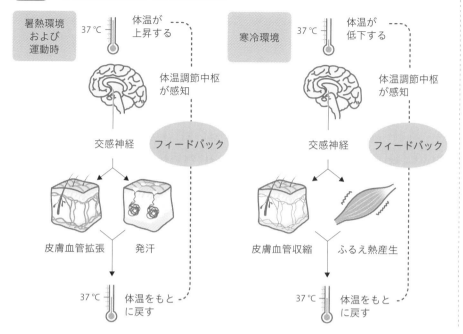

図 9-5　体温変化時に生じる体温調節反応

2 運動中の体温と運動パフォーマンス

　私たちが運動をすると、エネルギーとともに大量の熱を生み出す。暑い環境では汗などによって体温を維持するが、過度な体温上昇は運動パフォーマンスの低下を引き起こす。一方、寒い環境においても運動により熱を生み出しているのにもかかわらず体温が低下する場合には運動パフォーマンスが低下する。

1 運動による熱産生と体温上昇

　ヒトの運動時には、活動筋の筋収縮により熱産生量が大幅に増加する。筋のエネルギー効率は約 20% であることから、運動に使用するエネルギーのうちの約 80% が熱に変換される。これは 60 kg のヒトが低強度（1 L/ 分、約 5 kcal/ 分）の運動を行うと 80% の 0.8 L/ 分（4 kcal/ 分）のエネルギーが熱に変換されることを示しており、通常 37℃に保たれている体温が 1 時間で 41℃に達してしまうことになる。このことからも運動時の体温調節反応の重要性がわかる。活動筋における熱産生量は運動強度に依存して増加する（**図 9-6**）[3]。

図 9-6 運動強度と体温上昇の関係

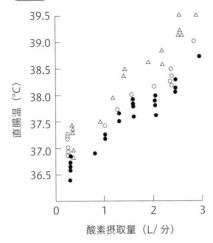

出典　Nielsen M. Die Regulation der Körpertemperatur bei Muskelarbeit, *Acta Physiol Scand*. 79: 193–230, 1938.

運動強度が増加すると、直腸温（核心温度の指標）が上昇する。

2 運動中の発汗とその部位差

　運動中に発汗するのは、前述したような運動にともなう熱産生による体温上昇を防ぐためである。特に、気温 25℃以上の環境（日本では 6 ～ 10 月の日中の最高気温）では、皮膚血管拡張になどによる乾性熱放散の貢献度合いは低く、熱放散のほとんどを汗の蒸発によって行っている。体温調節反応としての汗は、皮下にある汗腺の 1 つであるエクリン腺から分泌される。最大発汗時には 1 時間で 2 ～ 3 L の汗をかくこともあり、汗が 1 g 気化する際に約 580 cal の熱を体表面から奪うことから、最大発汗時には約 1,700 kcal もの熱を放散してくれる。ここで重要になるのが、汗がどれだけ皮膚から気化したかである。汗をかくと、身体から滴り落ちたり、タオルなどですぐに拭き取ったりしてしまう場合もあるのではないか。熱放散に寄与するのは皮膚から直接気化した汗であり、この汗を有効発汗、皮膚から気化せずに流れてしまうものを無効発汗という。

　それでは、汗はどのようにかくのだろうか。発汗は全身で一様にかくわけではなく、発汗が起こりやすい部位とそうでない部位がある。図 9-7 は常温環境（気温 25℃）において 1 時間の高強度運動を行った際の発汗量の部位差を示したものである。これをみると、頭部や額、背中で発汗が多く、末端の部位では少ないのがわかる [4]。

図 9-7　運動中の発汗の部位差

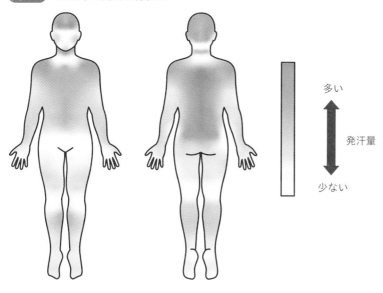

3 暑熱環境下での運動時の生理応答と運動パフォーマンス

　体温が上昇すると、私たちの身体にはどのようなことが起きるのだろうか。体温の上昇によって皮膚血管拡張が生じると、皮膚への血液供給が増加する。また、発汗による軽度の脱水も体水分量を減少させ、循環血液量の低下につながる。これらの反応は、特に運動中の心臓循環系に大きな負担をかけ、たとえば体重の約 1% の脱水によって心拍数が 5 〜 10 拍 / 分増加することが知られている。体温上昇によって生じる心臓循環系へのストレスが引き起こす心拍数の増加などを心循環ドリフトと呼び、相対強度の増加や活動筋への血流供給の減少を通して運動パフォーマンスの低下につながる。

　体温の上昇は心臓循環系だけではなく、呼吸にも大きな影響を与える。みなさんは夏季の暑熱環境下で運動した際に、普段よりもゼーハーするといった呼吸の変化を感じたことはないだろうか。核心温度の上昇は、化学受容器の働きを変化させ換気量を増加させる。換気量の過度な増加は、体内の二酸化炭素分圧の低下を引き起こし、脳への血流供給を低下させることで脳温の上昇につながる可能性も示唆されている。

　上述した体温上昇による呼吸循環応答の変化は、暑熱環境下での運動時の運動パフォーマンスを制限する要因になりうる。ヒトの運動限界点について検討した研究では、どのような核心温度から運動をスタートしても、核心温度が 40℃付近になると運動を継続できなくなったことから、ヒトの運動時

図 9-8 核心温度と持久運動の継続時間との関係

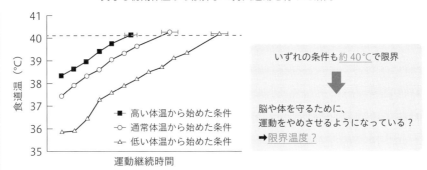

異なる初期体温から限界まで持久運動を行った研究

いずれの条件も<u>約 40℃</u>で限界

↓

脳や体を守るために、
運動をやめさせるようになっている？
➡ <u>限界温度？</u>

出典 González-Alonso J, Teller C, Andersen SL, Jensen FB, Hyldig T, Nielsen B. Influence of body temperature on the development of fatigue during prolonged exercise in the heat. *J Appl Physiol*. 86 (3):1032-1039, 1999.

における活動限界核心温度は 40℃付近に存在する可能性がある（**図 9-8**）[5]。また、運動中の体温上昇に大きな影響を与える気温や湿度、風や日射の有無なども持久運動の運動継続時間に影響を与える。

4 寒冷環境下での運動時の生理応答と運動パフォーマンス

　寒冷環境下での運動時には、運動にともなう熱産生の増加に対して外部環境への熱放散も増加するため、一般的に体温の上昇は緩やかになる。特に、雨天下での運動や水中での運動時には外殻温度である皮膚や筋の温度が大きく低下することで運動中の生理応答に影響をおよぼすことが知られている。たとえば、体温の低下は血管収縮を引き起こし、筋や血液の温度低下は酸素解離を阻害するため、有酸素エネルギー供給能力が阻害される。また、寒冷環境下での持久運動時にはふるえ・非ふるえ熱産生などによる過度な代謝の増加も生じ、常温環境下での同一強度運動時よりも酸素摂取量が増加することや、それにより運動継続時間が短縮することが知られている（**図 9-9**）[6]。

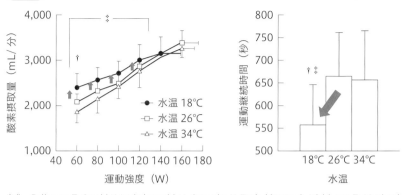

図 9-9 水温が運動中の代謝応答と運動パフォーマンスにおよぼす影響

出典　Fujimoto T, Sasaki Y, Wakabayashi H, Sengoku Y, Tsubakimoto S, Nishiyasu T. Maximal workload but not peak oxygen uptake is decreased during immersed incremental exercise at cooler temperatures. *Eur J Appl Physiol*. 116(9):1819-1827, 2016.

低温環境による過度な代謝の増加が運動パフォーマンスを制限する！

3 運動環境と体温にかかわる疾患

　運動中の体温には運動する環境が非常に強く関連する。特に、暑い環境では容易に体温が上昇してしまうため、運動を安全に行うことができる環境の選択は非常に重要である。体温が過度に上昇した場合には熱中症や脱水症、体温が過度に低下した場合には低体温症に陥ることがある。

1 運動環境の選択

　適切な運動環境の選択は、運動時の安全性だけでなく、運動パフォーマンスの向上につながる。前述したように、運動時の体温には気温や湿度、風や日射の有無などの要因が影響することから、「気温がそんなに高くないから大丈夫！」などといった 1 つの要因だけに着目した運動環境の選択は不適切である。そこで、これら複数の要素を複合的にとらえることができる WBGT（Wet-bulb globe temperature）、通称：暑さ指数を用いることを推奨されている。WBGT は、気温を測定する乾球温度計、湿度を測定する湿球温度計、輻射を測定する黒球温度計を用いて以下の式により算出することができる。

> 屋外における WBGT = 0.7 × 湿球温度 + 0.2 × 黒球温度 + 0.1 × 乾球温度
> 屋内における WBGT = 0.7 × 湿球温度 + 0.3 × 黒球温度

WBGTを用いることで、その環境により身体にかかる熱ストレスがより正確に判別できる。

2 体温にかかわる疾患

(1) 熱中症

運動による熱産生の増加や高温多湿、日射などの環境要因が複合的に作用して体温が過度に上昇すると、熱中症を発症する場合がある。運動によって生じる熱中症には、運動誘発性筋けいれん、熱失神、熱疲労、熱傷害、労作性熱射病があり、特に重症度の高い熱傷害や労作性熱射病では死に至る危険性もある。熱中症が疑われる場合には、すぐに運動を中止し、空調の効いた部屋で涼むことや氷水などを使った全身冷却によって効率よく体温を低下させるなど、適切な処置を行うことが重要である[7]（図9-10、図9-11）。

図 9-10　熱中症への対応

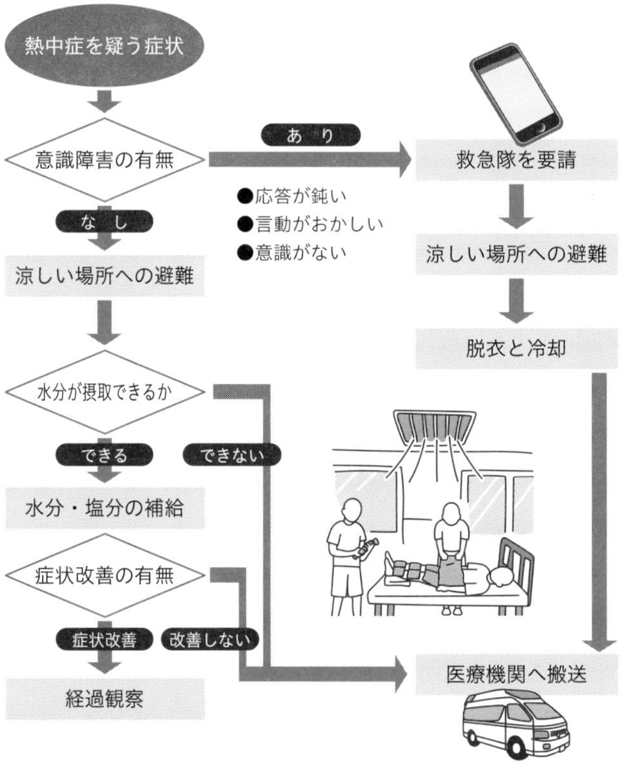

熱中症を疑う症状

意識障害の有無 ── あり → 救急隊を要請

なし

涼しい場所への避難

- ●応答が鈍い
- ●言動がおかしい
- ●意識がない

水分が摂取できるか

できる　　できない

水分・塩分の補給

症状改善の有無

症状改善　改善しない

経過観察

救急隊を要請

涼しい場所への避難

脱衣と冷却

医療機関へ搬送

出典　日本スポーツ協会「スポーツ活動中の熱中症予防ガイドブック」p.7 を一部改変

図 9-11　熱中症が疑われる場合の身体冷却法

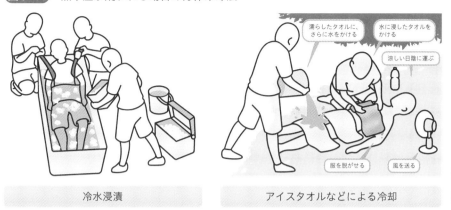

| 冷水浸漬 | アイスタオルなどによる冷却 |

熱中症が疑われる場合、とにかく早く（30分以内に）、「寒い」というまで、できるかぎり効率よく現場で可能な方法を組み合わせて冷却を開始し、救急隊の到着を待つ。

　また、熱中症を防ぐためだけでなく、運動の安全性を確保し、運動パフォーマンスを高めるためには、運動前や運動中、休息時の身体冷却が効果的である。身体冷却は冷却効果やその実用性によってさまざまな方法がある。たとえば、全身クライオセラピー（短時間− 110 ～ 190℃の低温環境にさらす方法）や氷水に浸かるアイスバスなどは、冷却効果は高いがいつでもどこでも使用することは難しい。一方、アイススラリー（シャーベット状の飲み物）摂取による身体内部からの冷却や氷嚢などを用いた身体外部からの冷却は比較的競技現場に近いところで使用することができる。

（2）脱水症

　脱水とは体内の水分量が適正よりも不足した状態であり、主に運動による発汗量の増加や不十分な水分補給によって起こる疾患である。体重の 2 ～3% の脱水により運動パフォーマンスは大きく低下するため、運動中の水分補給を適切に行うことが重要である。また、体水分量を簡便に推測する方法に尿の色がある。体水分が十分である場合には無色透明に近い尿が出るが、脱水にともない、尿の色は濃い黄色から茶色へと変化していくため、特に暑熱下での運動時には、自身の体水分状態をこまめに確認することが推奨される。

　水分補給はこまめに行う必要があるが、どのような飲料を摂取することが効果的なのだろうか。これまでの研究では、経口補水液や糖類の含まれた飲料（グルコースやスクロースなど）は水を摂取した場合よりもその後の体水分保持量が多くなることが示唆されている。このように、飲料の種類やタイミングなどを考慮した計画的かつ効果的な水分補給を実施することで運動中の脱水を防ぐことにつながる。

（3）低体温症

寒冷環境下で行われる雪山登山や低水温の海や川で行われるレクリエーション活動時には、運動を行っているにもかかわらず低体温症に陥ることがある。核心温度が35℃を下回った場合に低体温症とされ、外部環境への熱放散量が運動による熱産生や体温調節反応による蓄熱・産熱量を上回ることで生じる。近年では、低強度運動時に生じる温度を感じる能力の低下も運動中の低体温症の原因の1つである可能性が示唆されている（図9-12）[8]。低体温症の予防には、核心温度を高めるような事前のウォーミングアップ（運動や温浴など）や、寒さを感じる前の早めの上着の着用が有効であると考えられる。

図9-12 低水温環境下における体温低下時の温度感覚と運動の影響

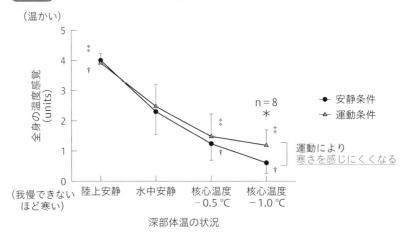

出典 Fujimoto T, Fujii N, Dobashi K, Cao Y, Matsutake R, Takayanagi M, Kondo N, Nishiyasu T. Effects of low-intensity exercise on local skin and whole-body thermal sensation in hypothermic young males. *Physiol Behav*. 240:113531, 2021.

4 トレーニングや暑熱暴露による適応

運動時の体温の上昇を防ぐため、また、暑さへの耐性の獲得には、トレーニングや暑熱への継続的な暴露による暑熱順化が有用である。これにより、体温調節反応の向上や暑熱下での運動パフォーマンス向上につながる。

1 トレーニングによる体温調節反応の適応

　トレーニングは呼吸循環系の適応を引き起こすが、体温調節反応にはどのような影響を与えるのだろうか。ここでは、特に体温上昇に対する体温調節反応の適応について紹介する。定期的にトレーニングを行っているアスリートでは、体温調節機能が高いことが知られている。これは、日々の運動トレーニングにおける熱産生やそれにともなう体温上昇によって、運動能力だけでなく発汗機能もトレーニングされているからである。実際に、定期的なトレーニングを行っている鍛錬者は非鍛錬者と比較して発汗機能が高く、運動によって発生した熱をより多く体外に放散することができる。

　一方、トレーニングによる体温調節機能の改善にはトレーニングの方法（強度や運動様式など）が重要である。非鍛錬者、陸上短距離選手、陸上長距離選手の発汗機能を比較すると、非鍛錬者と比較して陸上長距離選手では発汗機能が高いが、陸上短距離選手とは差がみられないことが知られている[9]。このことから、トレーニングによる発汗機能の改善には、運動による熱産生やそれにともなう体温上昇が比較的長い時間持続することが重要である可能性が考えられる。

2 暑熱順化トレーニングによる　暑熱下運動パフォーマンスの変化

　暑熱環境下での運動時の過度な体温上昇の防止や体温調節機能の改善といった暑熱耐性の向上には、通常のトレーニングを行うことに加えて暑熱負荷を行う暑熱順化トレーニングがよく用いられる。暑熱順化トレーニングは、トレーニングを行う環境やトレーニング方法（強度や運動様式など）によって影響を受ける。暑熱順化トレーニングでは、通常時の核心温度が低下し、血管拡張や発汗機能の改善（より早く生じるようになる）、体水分量の増加

や体温上昇時の心循環ストレスの低下などさまざまな効果を得ることができる。また、暑熱順化トレーニングによる上述した生理学的な適応の結果、暑熱下および寒冷下の両環境下での運動時の最大酸素摂取量や乳酸閾値、運動パフォーマンスも向上することが知られている（図9-13）[10]。そのため、屋外環境下で行うスポーツ種目の選手は、温湿度やWBGTが増加し始める以前の春先などから積極的に暑熱順化トレーニングに取り組むことが推奨される。

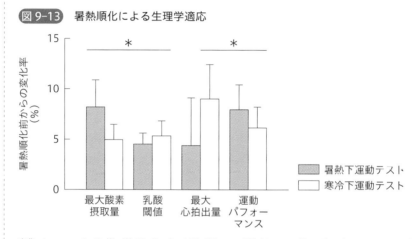

図 9-13　暑熱順化による生理学適応

出典　Lorenzo S, Halliwill JR, Sawka MN, Minson CT. Heat acclimation improves exercise performance. *J Appl Physiol*. 109(4):1140-1147, 2010.

引用文献

1) Lei TH, Matsukawa H, Okushima D, Gerrett N, Schlader ZJ, Mündel T, Fujiwara M, Kondo N. Autonomic and perceptual thermoregulatory responses to voluntarily engaging in a common thermoregulatory behavior. *Physiol Behav*. 215:112768, 2020.

2) Cannon B, Nedergaard J. Nonshivering thermogenesis and its adequate measurement in metabolic studies. *J Exp Biol*. 214 (pt2) :242-253, 2011.

3) 小川徳雄「運動と体温」『臨床スポーツ医学』2: 241-250, 1985.

4) Smith CJ, Havenith G. Body mapping of sweating patterns in male athletes in mild exercise-induced hyperthermia. *Eur J Appl Physiol*. 111 (7) :1391-1404, 2011.

5) González-Alonso J, Teller C, Andersen SL, Jensen FB, Hyldig T, Nielsen B. Influence of body temperature on the development of fatigue during prolonged exercise in the heat. *J Appl Physiol*. 86 (3) :1032-1039, 1999.

6) Fujimoto T, Sasaki Y, Wakabayashi H, Sengoku Y, Tsubakimoto S, Nishiyasu T. Maximal workload but not peak oxygen uptake is decreased during immersed incremental exercise at cooler temperatures. *Eur J Appl Physiol*. 116 (6) :1819-1827, 2016.

7 ）日本スポーツ協会「スポーツ活動中の熱中症予防ガイドブック」2019.

8 ）Fujimoto T, Fujii N, Dobashi K, Cao Y, Matsutake R, Takayanagi M, Kondo N, Nishiyasu T. Effects of low-intensity exercise on local skin and whole-body thermal sensation in hypothermic young males. *Physiol Behav*. 240:113531, 2021.

9 ）Amano T, Koga S, Inoue Y, Nishiyasu T, Kondo N. Characteristics of sweating responses and peripheral sweat grand function during passive heating in sprinters. *Eur J Appl Physiol*. 113 (8) :2067-2075, 2013.

10）Lorenzo S, Halliwill JR, Sawka MN, Minson CT. Heat acclimation improves exercise performance. *J Appl Physiol*. 109 (4) :1140-1147, 2010.

学びの確認

（　　　　　）に入る言葉を考えてみよう。

①体温調節機能によって身体内部の温度である（　　　）を一定に保つ働きを体温の（　　　）と呼ぶ。

②気温が高い暑熱環境においては、熱の出納の４つの経路のうちの１つである（　　　）によって熱放散が行われる。この熱放散は、その様式の特徴から（　　　）熱放散とも呼ばれる。

③身体に備わる温度受容器が体温の変化を感知した時には、「上着を着る」や「エアコンをつける」などの（　　　　）体温調節反応と、無意識化に生じる（　　　　）体温調節反応が生じることで体温を維持する。

④寒冷環境での運動時には、体温が低下することで生じる（　　　　　）や（　　　　　　）によって過度に代謝が増加し、運動パフォーマンスが低下する。

⑤暑熱環境において運動をする際には、気温、湿度、日射量などを複合的に評価できる指標である（　　　　　）を用いることが望ましい。

⑥暑熱環境下での発汗によって引き起こされる（　　　）は体水分が不足した状態であり、運動前や運動中の（　　　　　）が効果的である。

脳と脊髄

なぜこの章を学ぶのですか？

　私たちが運動を行う際には、脳のさまざまな領域の神経細胞が働き、脊髄を介して全身の情報を伝達しています。つまり、運動と脳や脊髄はきってもきりはなせない関係だからです。本章では運動や感覚がどのように生じているのかについて理解することを目的とします。

第10章の学びのポイントは何ですか？

　運動を発現するための信号を生成する場所が、脳と脊髄です。脳と脊髄を構成する要素や、運動が発現するまでの全体像を理解します。

考えてみよう

① 私たちは運動をする時にどうしている？

② 中枢神経と末梢神経って何だろう？

1　神経系とは

神経系は中枢神経系と末梢神経系によって構成されている。それら神経系が人間のさまざまな生理現象やホメオスタシス、さらには感覚や運動を司っている。その最小単位であるニューロンは電気信号を送り、グリア細胞はさまざまな役割を担い、脳活動を支えている。

1　神経細胞と神経膠細胞

　脳は神経細胞（ニューロン）と神経膠細胞（グリア細胞）の 2 種類から構成されている。報告によってばらつきがあるものの、私たちの脳には、ニューロンが大脳に約 140 億個、小脳には約 1,000 億個存在するとされている。特に、ニューロンは私たちのさまざまな行動の主役となっており、その機能は情報処理と情報伝達である。ニューロンは、電気信号を発して情報をやりとりしている。ニューロン同士が複雑に接合し、脳内ネットワークが構成されている。その詳細なしくみについては後述する。

　一方、グリア細胞はニューロンの約 10 倍以上も存在する。グリア細胞はニューロンの隙間に存在し、ニューロンを空間的に支持したり、機能を支えたり、栄養を与えたりと脳内環境を維持するための機能をもつと考えられている。ここではニューロンとグリア細胞の構造やしくみについて説明する。

（1）ニューロンの構造

　ニューロンは大きな細胞体と神経線維で構成されている。細胞体には 1 本の長く伸びた突起（軸索）と信号を受け取る数多くの枝（樹状突起）がある（図 10-1）。ニューロンは、軸索が髄鞘という鞘のようなものに囲まれて

図 10-1　ニューロンの構造

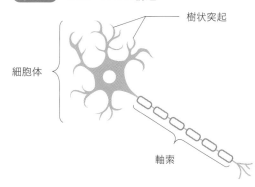

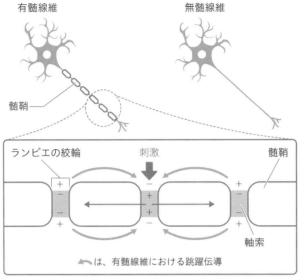

図 10-2 有髄線維と無髄線維（上）、ランビエの絞輪（下）

有髄線維　　　　　　　　無髄線維

髄鞘

ランビエの絞輪　　刺激　　　　　髄鞘

軸索

は、有髄線維における跳躍伝導

ランビエの絞輪では活動電位が発生する。
髄鞘は電気的絶縁体としてはたらき、電気を通さない。

いる有髄線維と囲まれていない無髄線維とに分かれている。その大きな違い
は伝導速度である。有髄線維の場合は伝導速度が約秒速 60 m と非常に速く、
無髄線維の場合は秒速 1 m と非常に遅い。これは髄鞘が脂質に富み、電気
的に絶縁機能を有しているからであり、絶縁機能によって電気信号は跳躍伝
導し、結果的に伝導速度が速くなる（**図 10-2**）。この髄鞘と髄鞘の間のこと
をランビエの絞輪と呼ぶ。

（2）グリア細胞の種類と役割

　グリア細胞は 3 つに分類することができる。1 つ目には数がもっとも多く、
図 10-3 では星型の形をしたアストロサイト（星状細胞）がある。アストロ
サイトは複数の突起をもち、ニューロンが複雑にからみあう立体構造を支持
している。2 つ目のオリゴデンドロサイト（希突起膠細胞）は、髄鞘（ミエ
リン鞘）を形成している。先述したように髄鞘は脂質を多く含み電気的な絶
縁機能をもっており、跳躍伝導を生み出す。また、オリゴデンドロサイトは
中枢神経のみに存在し、末梢神経ではシュワン細胞がその役割を担っている。
3 つ目のミクログリア（小膠細胞）は、死滅したり損傷を受けたり、炎症を
起こしたニューロンを食べて処理する。このようにグリア細胞は三者三様の
役割を担って脳内の環境を維持している。

図 10-3　グリア細胞

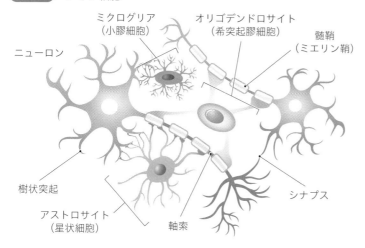

（3）活動電位

　ニューロンは電気信号によって情報伝達を行っている。ニューロンは何らかの刺激（電気信号）を受け取るとそれをほかの細胞に伝えようとする。通常、細胞内は約－70 mVに保たれており、この状態を静止電位という。ニューロンが信号を受け取ると膜電位がわずかにプラスの方向に動き、ある一定の電位（閾値）を越えると **図 10-4** の①のように、カリウムチャネルが閉じナトリウムチャネルが開き、ナトリウムイオンが細胞内に入り一気に脱分極する。その後、**図 10-4** の②のようにカリウムチャネルが開き細胞外にカリウムイオンが流れ出し、細胞内は再分極する。再分極後、過剰にカリウムイオンが流出し静止電位以下になることを過分極という。このように一連の過程を経て、活動電位（発火）は発生し、ニューロンは情報伝達を行っている。

図 10-4　活動電位

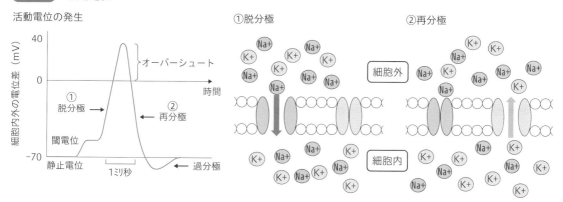

（4）シナプス

　電気信号を送る役割をもつ軸索はほかのニューロンに接続する。この
ニューロンとニューロンが接続している部位はシナプスと呼ばれる。シナプ
スには隙間があり、この隙間のことをシナプス間隙と呼ぶ（図10-5）。ある
ニューロンで生じた活動電位はシナプスを通して次のニューロンに伝えられ
る。シナプス前細胞からシナプス後細胞に電気活動を伝えるのは神経伝達物
質の放出によって行われる。つまり、ニューロン同士が情報を伝達するため
にはこの神経伝達物質が非常に重要である。神経伝達物質にはアセチルコリ
ン、GABA、グルタミン酸、ドーパミンなどさまざまあり、神経を興奮させ
たり、抑制させたりすることで脳のバランスを保つことが知られている。

図 10-5　シナプスとその詳細

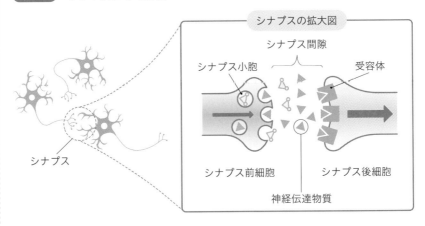

2　神経系の役割

　神経系は、脳と脊髄からなる中枢神経とそれ以外の末梢神経のことをいう
（図10-6）。末梢神経はさらに体性神経と自律神経に分類できる。

　体性神経は、人間が運動することを可能にする運動神経やさまざまな感覚
を生じる際に役立つ感覚神経で構成されていて、意識的に制御することがで
きる。脳からの情報は脊髄へ送られ、運動神経を介して筋へ伝えられる。感
覚神経は目、耳、皮膚などに散在する受容器から情報を受け取り、脳へ情報
を送ることによって見る、聞く、触るなど私たちの日常的な感覚をつくり出
している。

　一方、自分で意識的に制御することができない自律神経は全身に分布して
おり、自身のおかれた状態に反応して、血圧、心拍数、消化、代謝、排尿な
ど人間のさまざまな機能に影響を与えている。この自律神経もさらに交感神

経と副交感神経の 2 つがあり、簡単に分けるなら交感神経は興奮性に、副交感神経は抑制性に働く作用と理解しておくとよい（表 10-1）。これらは互いにバランスを保ちながら働いており、これを拮抗支配という。つまり、交感神経活動が上がっている時は副交感神経活動が下がっている。逆に、交感神経活動が下がっている時は副交感神経活動が上がっている。また、これらの働きは運動時や睡眠時を思い浮かべると簡単に説明ができる。運動時は興奮しており、交感神経活動が優位になっている。運動時には血圧が上がり、心拍は早くなり、お腹が減っていることを感じる暇もない。つまり、消化活動は抑制されている。一方、睡眠時は血圧が下がり、心拍も遅くなり、消化活動は促進されている。このように自律神経系は人間の生活と密接にかかわっている（表 10-1）。私たちがお昼ごはんを食べた後に眠くなるのは、消化活動を促進するために、副交感神経が優位になっている状態だといえる。

図 10-6　神経系の分類

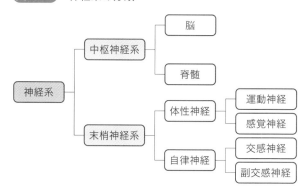

表 10-1　交感神経と副交感神経の作用

神経・器官	交感神経の作用	副交感神経の作用
瞳孔	散大（瞳大）	縮小（縮瞳）
唾液腺	少量の濃い液分泌	大量の薄い液分泌
末梢血管	収縮	拡張
気道	拡張	収縮
血圧	上昇	下降
心拍	促進	緩徐
肝臓	グリコーゲンの分解（血糖上昇）	グリコーゲンの合成（血糖下降）
消化分泌液（胃・腸・膵液）	減少	増加
消化管運動	抑制	増進
皮膚（立毛筋）	収縮（鳥肌）	－
汗腺	分泌活動増加	－

2 脳と脊髄

　一言で脳といっても大脳、小脳、間脳、脳幹と多くの領域が存在する。中でも大脳は特にヒト特異的に発達している。脊髄は脳からの指令を末梢に届け、感覚を脳に伝える運動に欠かせない機能をもつ。

1 大脳

（1）大脳の構造

　脳は 2 つの半球から構成されている。脳を左右に分ける大きな境目のことを大脳縦裂という（図 10-7）。また、この 2 つの半球をつなぐ線維束を脳梁という。脳には凹凸があり、凹部分のことを脳溝、凸部分のことを脳回と呼ぶ。大脳は厚さ 3 mm ほどの大脳皮質という灰白質領域と大脳髄質という白質領域に分けることができる。灰白質は神経の細胞体が密集しており、電気信号を発生する場であることからヒトの知的活動を創出する役割をもっている。一方、白質には神経線維が密集しており、灰白質で発生した電気信号を伝達する役割を担っている。また、大脳では灰白質が表層にあるのに対して、脊髄ではその逆になっており、白質が表層にある（図 10-8）。脳は大脳、小脳、間脳、脳幹の 4 つの部位から成り立っている。

図 10-7　大脳を上から見た図（左）と脳表の拡大図（右）

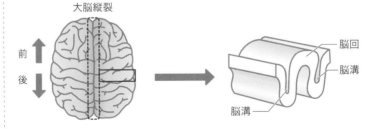

図 10-8　大脳皮質（灰白質）と大脳髄質（白質）

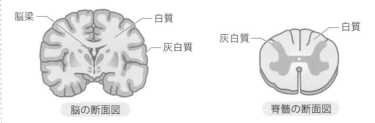

（2）大脳皮質の役割

図 10-9 に示すように大脳皮質は大きく４つの領域に分けられる。中心溝という脳のちょうど真ん中に位置する溝を境にして前方を前頭葉、後方を頭頂葉という。大脳の側方には外側溝（シルビウス裂）という溝があり、その溝より下を側頭葉、そして一番後ろの領域を後頭葉という。それぞれの脳領域には明確な役割がある。前頭葉は"人を人たらしめる脳領域"として知られており、特に人間で発達した領域である。前頭葉は記憶、意識、物事の判断、運動など多様な役割を担っている。頭頂葉では触覚を代表とする体性感覚機能を担っている。体性感覚とは触覚、温度感覚、圧覚、痛覚からなる皮膚感覚と筋や腱、関節などに起こる深部感覚から成り立っている。私たちが運動時に自分の手や足の位置を把握できるのはこの深部感覚が備わっているからである。中心溝から前の領域を運動野と呼び、中心溝の後ろの領域を体性感覚野と呼ぶ。側頭葉は聴覚、後頭葉は視覚をそれぞれ担っている。このように大脳では領域によって機能が異なっており、このことを大脳の機能局在という。図に示したように大脳は私たちの感覚、運動、高次脳機能などのすべてを司っている。

図 10-9　大脳の機能局在

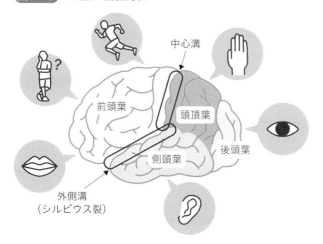

（3）大脳の体部位再現

先述した中心溝の前部にある運動野と後部にある体性感覚野には体部位再現というものがそれぞれ存在している（図 10-10）。体部位再現とは身体を構成する特定の体部位が特定の脳領域と対応していることをさしている。この図でわかるように、実際の体部位の大きさとは比例せず、脳領域では大きく表されている部位が存在する。たとえば、手、顔、口などがこれにあてはまる。手や口などは、対象物に触れる機会も多く、識別などにかかわる体部

図 10-10 ヒトの体性感覚野（左）と運動野（右）の体部位再現

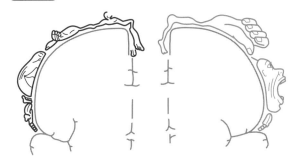

位であり、触覚受容器の密度も高いことがわかっている。一方で、足や背中などは実際の体部位より小さくなっている。手に比べると識別の機会は少なく、触覚受容器の密度も低い。これらを理解するためにペンなどを利用して2点刺激を行ってみるとよい。指は2点を刺激したのか1点を刺激したのかの判断が容易だが、背中は難しいことがわかる。これらは触覚受容器の密度や脳での体部位再現の大きさによって説明することができる。

2 小脳

小脳は **図 10-11** に示すように大脳と比較すると非常に小さい。しかし、小脳に含まれるニューロン数は大脳の約7倍といわれている。つまり、そのニューロン数は約1,000億個ということになる。小脳が損傷するとさまざまな機能が失われることが知られている。たとえば、バランスがとれなくなったり（平衡障害）、筋力が落ちたり（筋

図 10-11 大脳と小脳の連関

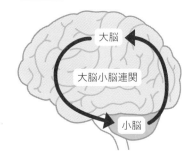

緊張障害）、ふるえが起こったり、リーチング運動や協調運動ができないなどがある。このように運動に関する障害が生じることが多く、大脳と小脳が密接に連絡を取り合うことによって人間の運動がスムーズに実施されることがわかる。また、小脳は運動記憶とも密接に関与している。記憶には種類があり、数字や年号などを覚える記憶は陳述記憶といい、運動記憶のことを手続き記憶と呼ぶ。わかりやすいのは自転車である。自転車をこげない人はほとんどいないし、自転車をこげるようになるとそれ以降に自転車をこげなくなることはない。これが小脳でつくられる手続き記憶である。

3 間脳（視床と視床下部）

間脳は視床と視床下部に大別することができる（図 10-12）。視床は全身の感覚、つまり体性感覚、視覚、聴覚などの感覚入力情報の中継点として、大脳の各感覚領野へ投射する役割を担っている。視床は、中枢神経系で最大の神経核のかたまりである。視床から大脳皮質へ至る放射経路を視床皮質路と呼び、この経路を構成する線維を視床放線という。視床下部は、内臓の制御センターでもあり、日々、身体を維持する内分泌系と身体の内部機能を調節する。視床下部は、体内の不随意機能を主として担う自律神経系を管理している。それは睡眠周期とほかのサーカディアンリズムにシグナルを送り、摂食量を調節し、生体の化学反応と体温をモニターかつ調整している。なお、間脳を脳幹の中に含める場合もあるが、本書では図のように分けて考える。

図 10-12 脳の構造と視床を上から見た図

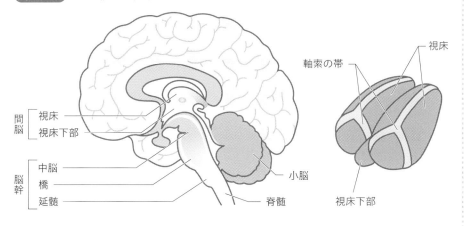

4 脳幹（中脳、橋、延髄）

脳幹は、3つの部分に分けられていて、大脳に近い側から中脳、橋、延髄の総称である。系統発生学的にもっとも古い脳で、心臓を中心とした血液循環、血圧、呼吸、嚥下といった生命活動に必須の自律機能を直接制御している重要な部位であり、睡眠・覚醒レベルの調整、姿勢運動制御も行っている。脳幹の大きな特徴の1つが、脊髄を通らずに脳と末梢を直接結ぶ神経（脳神経）が出入りしていることである。脳神経は全部で 12 対あるが、そのうち 10 対が脳幹を出入りしている。中脳、橋、延髄についてそれぞれの役割を解説する。

中脳は、脳幹のうち、もっとも上の部分であって、なめらかな動きを可能にする錐体外路性運動系の重要な中継所を含むほか、対光反射、視聴覚の中継所、眼球運動反射、姿勢反射（立ち直り反射）の活動抑制を行っている。

橋は、前後を中脳と延髄にはさまれている。背側には小脳があり、小脳と多くの神経線維連絡をもっている。三叉神経、外転神経、顔面神経、前庭神経という多くの脳神経核が存在し、脳神経が出る部位である。

延髄は、脳幹の中でもっとも下の部分で脊髄に連絡している。嘔吐、嚥下、唾液、呼吸および循環、消化の中枢を含み生命維持に必要不可欠な機能を担っている。

5 脊髄と脊椎

脊髄と脊椎は似た言葉であるが、中身がまったく異なる。脊髄は脳から延長した神経の束である。脊髄は長さ 40 ～ 45 cm、直径約 1 cm の円柱型をしている（図 10-13）。脊髄も脳と同様に内側から軟膜、クモ膜、硬膜と 3 層の膜に覆われている。脊髄は脊椎の椎体と椎弓の間にある脊柱管の中にある。先述したように脊髄では灰白質と白質が脳とは逆になっており、灰白質が内側に白質が外側に分布している。脊髄の灰白質の前方にある細胞体が集まる箇所を前角といい、脳のニューロンからの指令はここで α 運動ニューロンに伝えられて運動が発現する。また、前角細胞から伸びている神経の経路を前根という。一方、感覚ニューロンの細胞体が集まる箇所を後角と呼び、神経線維が集まってくる経路を後根と呼ぶ。また、脊髄は部位によって名称が異なり、頸髄は 8 対、胸髄は 12 対、腰髄は 5 対、仙髄は 5 対、尾髄が 1 対の合計 31 対の脊髄神経が分布している。これらの神経により、中枢から末梢（筋肉）へ運動指令を出し、逆に末梢（皮膚など）から中枢（脳）へ感覚入力を連絡することができる。

私たちが普段よく使用する"背骨"という表現は、正確には脊椎と呼ばれる。これは図 10-14 に示したように、椎骨という 1 つのブロックのような骨を積み重ねたものである。椎骨の真ん中には椎孔という隙間があり、ここを脊髄が通っている。また、椎骨の腹側部分にある円柱状の骨を椎体、隙間をはさんで背側部分を椎弓、後方に突き出した突起を棘突起、横に飛び出した突起をそれぞれ横突起と呼ぶ。椎体と椎体の間にある部分を椎間板と呼び、この軟骨組織が衝撃を和らげる機能をもっている。よく耳にする椎間板ヘルニアという病気は、椎間板が後方へ飛び出し（ヘルニア）、神経を圧迫することにより痛みが生じている。脊髄と同様に脊椎も色分けしたように分けら

れており、頸椎 7 個、胸椎 12 個、腰椎 5 個、仙骨 1 個となっている。脊椎の機能としては、脊髄を保護、支持するものである。

図 10-13　脊髄の構造

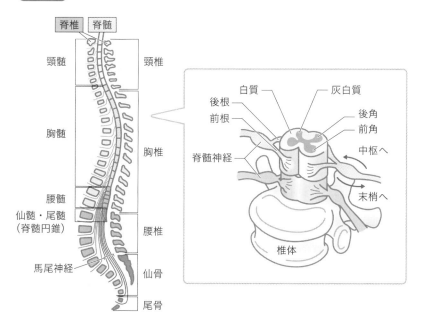

図 10-14　脊椎の構造

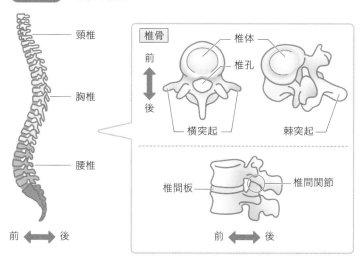

参考文献

坂井建雄，久光正監『ぜんぶわかる脳の事典』成美堂出版，2011.

石川隆監『生理学の基本がわかる事典』西東社，2011.

勝田茂編『入門運動生理学』杏林書院，1997.

Kandel ER, Schwartz JH, Jessell TM, Siegelbaum SA, Hudspeth AJ（金澤一郎，宮下保司監）『カンデル神経科学』MEDSI，2014.

学びの確認 ━━━

（　　　　　）に入る言葉を考えてみよう。

①ニューロンは大きな細胞体と神経線維で構成されている。細胞体には1本の長く伸びた突起（　　　）と信号を受け取る数多くの枝（　　　　）がある。

②ニューロンが信号を受け取り、細胞内電流が閾値を越えるとナトリウムチャネルが開き、細胞内は一気に（　　　　）する。

③神経系は脳と脊髄からなる（　　　）神経とそれ以外の（　　　）神経からなる。

④脳は2つの半球から構成されている。この脳を左右に分ける大きな境目のことを（　　　　）という。

⑤体性感覚とは触覚、温度感覚、圧覚、痛覚からなる（　　　）感覚と筋や腱、関節などに起こる（　　　）感覚から成り立っている。

⑥間脳は（　　　）と（　　　　）に大別することができる。

⑦脳幹は、3つの部分に分けられていて大脳に近い側から、（　　　）、（　　）、（　　　）の総称である。

注意ってなんだ!?
─脳のさまざまな情報処理を調節する大事な働き─

愛知県医療療育総合センター発達障害研究所／木田哲夫

「注意不足だよ。ちゃんと注意しなさい。」
「もっと全体に注意を向けなさい。」

　きっと一度は聞いたことのあるフレーズでしょう。では、この「注意」っていったい何？　「ちゃんと」ってどういうこと？　説明できますか？

注意の多彩な性質

　注意は、環境中の多種多様な感覚信号の中から必要な情報を選択・抽出し、不必要な情報を排除する働きと定義されます。ただし、注意は多義的な性質をもちます。情報選択性のほかに、注意量として資源、注意を支える覚醒（ビジランス）、駆動性から見たときの能動性 vs 受動性、注意をどのように向けるのかといった制御性などの性質があります。このような注意の定義と性質を考慮すると、上記の例で注意不足の理由は、必要な情報に十分な注意量を配分していないからかもしれないし、覚醒が足りないからかもしれないし、不必要な情報に注意が受動的に向いてしまっていたからかもしれないし、複数の理由が複雑に絡み合っていたからなのかもしれません。感覚系だけでなく、運動系やより高次な脳機能においても注意は重要な役割を担うことが知られています。たとえば、どの身体部位を動かすかといった運動選択にも注意は関与しています。

注意を制御する神経系とその障害

　注意を司るのは脳を中心とした中枢神経系です。一般的には、感覚入力にしっかり注意すると反応時間は短く（反応が速く）なり、正確性は向上します。このように反応時間という物理量を評価することで注意が神経系（脳）での情報処理速度を高めるのを間接的に推測できます。また脳波や脳磁図、機能的MRIなどといった脳活動を実測する手法を用いた研究では、脳の特定部位の活動が注意によって高まることがわかっています。一方、特定の脳部位の障害や損傷、ときにはちょっとした個性によって注意の働きが変容することがあります。そうすると、じっとしていられない、我慢できない、注意を向けているはずなのに見落とす、といったことが生じることがあります。

注意と運動習熟

　ここまでで、注意が日常生活やスポーツ活動において極めて重要な働きであることが理解できたでしょう。しかしながら、なかには注意をほとんど必要としない作業や動作もあります。スポーツ活動を楽しんでいるときのことを思い浮かべてみると、1つ1つの動作にしっかり注意して運動することはほぼないでしょう。一方、どんな作業でもスポーツでも覚え始めの頃には注意しないと失敗してばかりということはよく経験することです。練習を繰り返して上手くなるにつれ、注意は徐々に必要なくなっていき、自動化されます。これを運動学習といい、運動は感覚入力から運動出力までの一連の過程の繰り返しおよび相互作用から成り立つため、感覚運動学習ともいいます。運動学習が進むと、脳はそれほど活動しなくてもよくなるようです。活動する脳部位が変わるとか脳領域同士のつながりが変わるという研究者もいます。ミクロなレベルで見ると、シナプスの伝達効率や構造が変化することもわかってきました。ただし、下手なフォームで練習してしまうと、それがそのまま自動化・学習されてしまいます。しっかり学習した動作やパターンは後で変えようとしてもなかなか難しく、時間もかかることが科学的にも証明されています。習い始めの頃は、ちゃんと注意して、正しく練習することがいかに重要かわかりますね。

なぜこの章を学ぶのですか？

運動時には脳の複数の領域や脊髄の複数のα運動ニューロンを使っています。本章では、運動時の多岐にわたる脳の働きと筋力の発揮に応じた脳・脊髄からの信号の調節および神経筋での調節について学び、私たちの運動がどのように発現され、どのように上達していくのかを理解することを目的とします。

第11章の学びのポイントは何ですか？

トレーニングを継続すると運動はどんどん洗練されていきます。また、私たちは自分で意識した通りに力を加えることができます。これらに関する脳・脊髄や筋レベルでの調節について理解します。

＼ 考えてみよう ／

① トレーニングによって運動が上手になっていくのはなぜ？

② 熱いやかんを触った時や画鋲を踏んだ時に手や足をひっこめる反射は何という反射？

1　運動関連領野と脳の可塑性

運動の企画は高次運動野が担い、運動野がその指示を出す。トレーニングの反復により脳の運動関連領野は変化していく。このように脳が柔軟に変化することを脳の可塑性と呼ぶ。

1　運動関連領野と運動の関係

運動は随意運動とも呼ばれ、自らの意思によって身体を動かす運動のことをさす。随意運動は大脳で運動までのプロセスを決定し、最終的に一次運動野と呼ばれる領域から運動指令（電気信号）を発射する。運動の企画は高次運動野という領域が担い、これには運動前野、補足運動野、帯状皮質運動野が含まれ、企画する運動によって働く脳領域が異なる（図 11-1）。運動前野は、主に視覚情報をもとにした運動を企画すると考えられている。たとえば、信号が青になったのを見て足を踏み出すような動作や、その逆に信号が赤になったのを見て足を止めるような動作の企画である。補足運動野は、記憶をともなう運動、協調運動、複雑運動などを行う際に活動することが知られている。たとえば、片手で運動を行うよりも両手で運動を行ったほうが補足運動野はよく働いており、記憶した運動を実行する際にもよく働いていることが明らかになっている。運動前野との大きな違いは、運動前野は感覚信号（特に視覚）誘導性の運動の発現を担っているのに対して、補足運動野は自発的な運動を担っている点であり、補足運動野が損傷すると自発的な運動もできなくなるということが明らかにされている。帯状皮質運動野は、脳の深部領域にある運動野であるが、その脳活動は単純な動作であっても動作開始前に起こることから、運動前野や補足運動野と同様に高次の運動野としての特徴をもつことがわかっている。

図 11-1　運動関連脳領域

2 運動の制御方式

運動には大きく2つの制御方式が存在する。1つがフィードフォワード運動制御で、もう1つがフィードバック運動制御である。フィードフォワード運動制御とは、目的とする運動に必要な運動指令をあらかじめ脳で計算するモデルであり、内部（予測）モデルと呼ばれる。これらの運動はフィードバック情報を必要としない運動で、その運動プログラムは小脳に保持されており、前もって、こういう運動を遂行するという情報を高次運動野や感覚野に送っていると考えられている（遠心性コピー）。たとえば、歩行、走る、自転車に乗るなどの自動化された運動のことである。

一方、フィードバック運動制御は 図 11-2 に示したように、高次運動野を含む運動システムで運動を実施し、各種感覚野で得られた情報をもとにして自身が行おうとした運動と実際に行われた運動を比較して、その誤差を導き出し、運動を目的とする運動にまで修正していくという運動の制御方式である。このことから、フィードフォワード運動制御に比べてフィードバック運動制御のほうが複雑で常に修正を加える運動制御方式ということがいえる。また、運動を繰り返し行うと運動が上達するのは、このように内部モデルと実際の運動誤差を少なくすることによって正確な運動をすることが可能になるためである。

図 11-2 運動のフィードバックおよびフィードフォワード制御

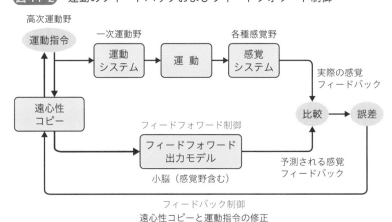

3 トレーニングによって生じる脳機能の変化

　トレーニングを反復することで運動が上手くなるのは私たちが常に目的とする運動の獲得を目指し、修正を行っているからである。それと同時にニューロンも変化していることが明らかになってきている。ニューロンがシナプスという部位で連絡を取り合うこと、運動情報や感覚情報を伝達していることはこれまでにも述べてきた。トレーニングを反復することにより、情報の伝達効率が上がり、脳の機能も向上することが報告されている。このように脳が変化することを脳の可塑性と呼ぶ。脳は学習やトレーニングによってその性質が大きく変わることがわかってきた。

　たとえば、脳の血流変化を調べる機能的磁気共鳴画像法（fMRI）という機器を使って世界トップレベルの体操選手やサッカー選手を対象にした実験が報告されている。体操選手と一般の男性に、自身の映像を見てもらった時の脳血流変化を調べたところ、一般の男性では視覚野と呼ばれる後頭の脳領域の活動がほとんどだったのに対して、体操選手では動画を見ただけで、あたかも自身が演技をしているかのように運動関連領域（運動野や補足運動野）の脳活動が認められたという。これは世界トップのレベルの選手が、自身の運動イメージや動画を見るだけで運動をしたことに近い意味があることを示唆しており、運動の上達に大きな影響を与えていると考えられる（図 11-3）。また、霊長類では他人が運動をしている際に活動するミラーニューロンという脳領域も報告されており、ヒトにおいてもこのような脳機能が存在しているかもしれない。

　さらに、サッカー選手においては世界トップレベルの選手とプロのレベル

図 11-3　体操のトップ選手と一般人が体操の動画を見ている時の脳活動

トップアスリート　　　　　　　一般男性

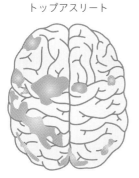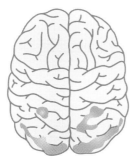

出典　アスリートの脳はどう違う？　ここまでわかってきたスポーツ脳科学
https://www.natureasia.com/ja-jp/jobs/tokushu/detail/76 をもとに筆者作成

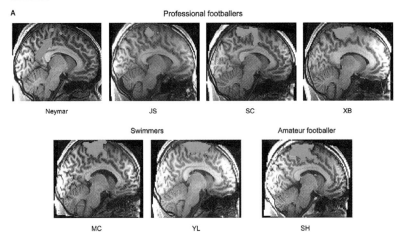

図 11-4 ネイマールとプロサッカー選手および水泳・アマチュア選手の比較

A

Professional footballers

Neymar　　　JS　　　SC　　　XB

Swimmers

MC　　　YL

Amateur footballer

SH

出典　Naito E , Hirose S. Efficient foot motor control by Neymar's brain. *Front Hum Neurosci*. 8:594,2014.

の選手を比較した実験が報告されている。どちらの選手に対しても利き足で
円運動を行うように指示を出している。その際に世界トップレベルの選手は
そのほかのプロ選手や水泳選手と比べ、足を動かす時に活動する脳領域が極
めて小さかったことが明らかになっている。つまり、運動が極めて習熟した
場合に、ほとんど脳活動を生じることなく運動を発現できるようになる可能
性が示されたと同時に、そのほかのことに脳活動を割り当てることができる
可能性も示された（**図 11-4**）。実際に、レベルの高い選手になればなるほど
サッカーのフィールドを俯瞰的に見ることができるという。これは、プレー
に対する脳活動を最小化し、それ以外のことに自身の注意資源を向けられる
可能性があることを示している。

　先述した 2 つの実験は、運動やトレーニングに関連する脳血流の変化を
秒単位で評価する方法である。一方、脳活動をミリ秒単位でとらえることが
できる手法として、脳波（EEG）が存在する。それらの研究では、手の感
覚を必要とする野球群でそのほかのスポーツ群と比べて、指への電気刺激に
対する脳での情報処理が速くなっていることが報告されている（**図 11-5**）。
つまり、手指の使用度が高い野球選手において特異的に刺激に対する処理が
高まっていることを示している。そのほかにも、瞬時の判断を必要とするボ
クサーやフェンサーなどのアスリートにおいても、一般群と比較して運動を
準備する時に発現すると考えられている運動準備電位という脳活動が高く
なっていることが報告されている。さらに、ある特定のシグナルがきた場合
に動作を止めるという抑制にかかわる脳活動も野球選手、フェンサーなどの
アスリートで向上しているという報告があり、トレーニングによって脳機能
が変化し、パフォーマンスを向上していることが指摘されている。

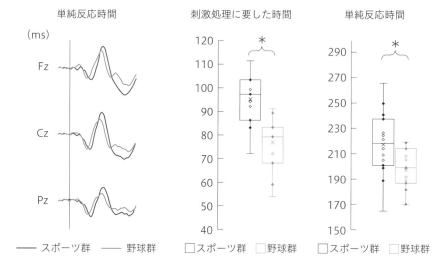

図 11-5　野球群とそのほかのスポーツ群の脳波と単純反応時間の比較

Fz、Cz、Pz は電極の位置

出典　Yamashiro K, Sato D, Onishi H, Yoshida T, Horiuchi Y, Nakazawa S, Maruyama A. Skill-specific changes in somatosensory-evoked potentials and reaction times in baseball players. *Exp Brain Res*. 225 (2):197-203, 2013. を一部改変

2　脊髄を介した運動とさまざまな反射

　ヒトは随意運動を実施する時には錐体路、それ以外の経路は錐体外路という経路を使う。錐体外路は、錐体路の運動にともなう筋の緊張や弛緩などの運動を反射的に、また無意識的に調節している。

1　錐体路と錐体外路

　私たちが随意運動（意識的な運動）を行うためには、高次運動野で運動を企画し、一次運動野から電気信号を送り、延髄にある錐体という箇所を交叉（錐体交叉）し、脊髄のα運動ニューロンを経て、α運動ニューロンが筋に電気信号を伝えるという一連の過程がある。この大脳皮質から直接的に脊髄を介して筋を動かす経路を皮質脊髄路（錐体路）と呼ぶ。**図 11-6** に示したように、左の運動野からの指令は右半身を動かし、右の運動野からの指令は左半身を動かしている。つまり、私たちの運動野は反対側の筋を動かすようにできている。このことから、仮に右の運動野に梗塞などの障害が起こった場合は該当する左の運動機能が麻痺する。錐体外路とは、錐体路以外の運動指令を行うための経路を総称したものである。錐体外路は自分の意思で生じ

図 11-6 錐体路

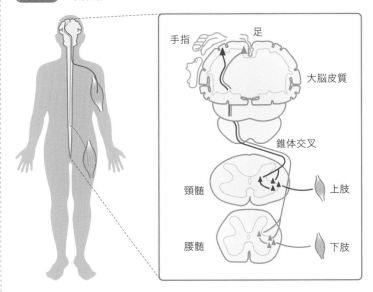

手指　足
大脳皮質
錐体交叉
頸髄　上肢
腰髄　下肢

た運動を無意識的に調節する役割を担っている。錐体外路系に障害が生じると振戦、筋硬直などの意図しない動作が発現する。

2 筋肉を制御する脊髄のα運動ニューロン

　体内にはおおよそ 700 もの筋肉があり、それらの組み合わせで手足や体幹のさまざまな動きが実行されている。この筋肉に大脳皮質からの指令を伝えているのが脊髄から伸びるα運動ニューロンである。筋肉の動きはα運動ニューロンだけに支配されるのではなく、興奮性および抑制性の脊髄内介在ニューロンがα運動ニューロンと協同して働いている。α運動ニューロンには大型のα運動ニューロンと中〜小型のγ運動ニューロンの2種類がある。α運動ニューロンと骨格筋には神経筋接合部というシナプスがあり、α運動ニューロンは筋支配の主役である。一方、骨格筋の深部には筋紡錘と呼ばれる特殊な組織が存在する。この筋紡錘は筋肉の中に埋め込まれたセンサーであり、筋紡錘が引き伸ばされると筋肉は緊張し、筋紡錘がゆるむと筋肉は弛緩する。筋紡錘内の錘内筋中央部には Ia 線維と呼ばれる感覚線維が巻きついている。そしてこの錘内筋線維を支配しているのがγ運動ニューロンである。γ運動ニューロンは **図 11-7** のように錘内筋線維の両端に付着している。γ運動ニューロンの活動により、錘内筋線維が収縮すると筋紡錘の両端のみが収縮するので、感覚性ニューロン（Ia 線維）が分布する領域は伸張させられる。その結果、Ia 線維の発火頻度は増加する。これらの機構をα－γ

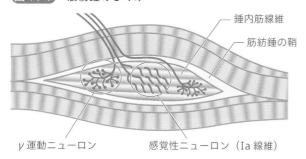

図 11-7　筋紡錘のしくみ

錘内筋線維

筋紡錘の鞘

γ運動ニューロン

感覚性ニューロン（Ia 線維）

連関と呼び、α－γ連関はα運動ニューロンの活動により筋肉が収縮した時に筋紡錘が弛緩した状態になり、発火頻度が減少してしまうため、それを防ぐ役割をもっている。つまり、筋肉収縮時にも筋紡錘が正しく筋肉長の変化を検出するために、筋紡錘の感度を上げる必要があり、そのためにγ運動ニューロンが活動し、錘内筋を収縮させるということである。

3　無意識的な運動を誘発するさまざまな反射

（1）伸張反射

　運動には大脳で企画した随意運動のほかに、脊髄や脳幹レベルでコントロールされ、無意識的に行っている反射運動がある。前述した筋紡錘や腱紡錘の機能によって引き起こされる反射の１つに伸張反射がある。伸張反射は筋肉が急激に引き伸ばされた際の筋の防御反応となる反射である。伸張反射の例としてよく挙げられるのは膝蓋腱反射である。 図 11-8 のようにハン

図 11-8　伸張反射

Ia 線維

Ia 線維

α運動ニューロン

α運動ニューロン

錘外筋が伸びた情報を錘内筋が感知し脊髄へ

Ia 線維よりα運動ニューロンが興奮性入力を受け筋収縮

マーで膝蓋腱を叩くと大腿直筋が引き伸ばされ、その情報は錘内筋に付着するIa線維から電気信号により脊髄に到達し、脊髄で大腿直筋のα運動ニューロンを興奮させる。この伸張反射は1つしかシナプスを介さない反射のため、単シナプス反射と呼ばれる。

（2）屈曲反射と交叉性伸展反射

先述のとおり伸張反射は、単シナプス反射と呼ばれ、反射の中でもっとも簡単な反射である。反射にはほかに複数のシナプスを介して行われる多シナプス反射というものも存在する。多シナプス反射は、画鋲を踏んだ際をイメージするとわかりやすい（図11-9）。

画鋲を踏んだ時、私たちは痛みを感じて素速く足を回避させる。この反射を屈曲反射と呼ぶ。屈曲反射には熱いやかんなどを触った時に手を素速くひっこめる動作も含まれる。一方、画鋲を踏んだ右足を素速くひっこめた際に左足を踏ん張っている動作が交叉性伸展反射である。この時の脊髄での反射経路について説明する。はじめに屈曲反射である。

図11-10に示すように屈曲反射はまず、画鋲を踏んだという侵害刺激の入力により感覚神経を介して脊髄に入力される。その脊髄から複数の介在ニューロンを通して、屈曲動作を行う。伸筋は弛緩する必要があるため抑制性の介在ニューロンを介して伸筋を支配するα運動ニューロンを抑制する。さらに、屈筋を収縮させる必要があることから興奮性の介在ニューロンを介して、屈筋を支配するα運動ニューロンを興奮させる。このように屈曲反射が成立する。

一方、左足には交叉性伸展反射が生じる。図11-11に示したように左足は踏ん張るという動作が必要になる。右足の感覚神経からのシナプスが介在ニューロンを介して左足を支配するα運動ニューロンを興奮させる。右足とは逆の現象が起こり、左足の伸筋を収縮させるために伸筋を支配する介在

図11-9　屈曲反射と交叉性伸展反射が同時に起きている様子

屈曲反射　　　　　　　　　交叉性伸展反射
（右足）　　　　　　　　　（左足）

図 11-10　屈曲反射時の神経調節

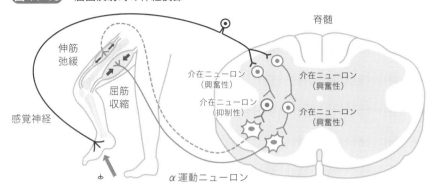

図 11-11　交叉性伸展反射時の神経調節

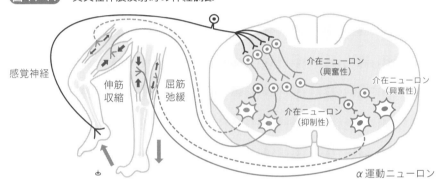

ニューロンは興奮性に働き、α運動ニューロンを興奮させる。屈筋は弛緩する必要があるため、抑制性の介在ニューロンを介してα運動ニューロンは抑制し、屈筋は弛緩する。このようにわずか数ミリ秒の時間で、脊髄では複数のシナプスを介して反射運動を行っている。これらの反射を多シナプス反射と呼ぶ。

4　神経筋接合部の興奮伝達

　運動は高次運動野で企画し、一次運動野から電気活動が延髄の錐体で交差し、脊髄のα運動ニューロンを介して、神経筋接合部で筋線維群に活動を伝えることによって発現する。**図 11-12**に示すように神経筋接合部ではα運動ニューロンが枝分かれし、多くの筋線維に接合している。脳神経と同じように、神経筋接合部にもα運動ニューロンと筋線維の間には隙間があり、シナプスを形成している。α運動ニューロンの神経終末に活動電位が到達すると神経終末部からシナプス間隙にアセチルコリンが放出される。アセチルコリ

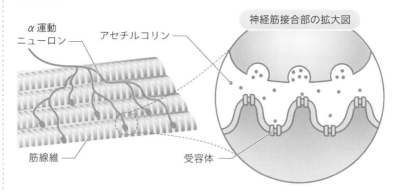

図 11-12 神経筋接合部での脱分極

神経筋接合部の拡大図

α運動
ニューロン

アセチルコリン

筋線維

受容体

ンが筋細胞膜にあるアセチルコリン受容体に結合するとナトリウムチャンネルが開き、イオン透過性が増大し、筋細胞膜に脱分極が生じる。これにより筋収縮が引き起こされる。

3 運動単位と筋収縮の原理

脊髄のα運動ニューロンから筋線維へ電気信号が伝えられると筋収縮が起こる。また、1つのα運動ニューロンによって支配される筋線維群のことを運動単位と呼び、筋収縮の強度によって動員される運動単位は異なる。

運動単位とその動員パターン

脊髄のα運動ニューロンは多くの筋線維を支配している。この1つのα運動ニューロンに支配される筋線維群のことを運動単位という。この運動単位が骨格筋の筋収縮を引き起こす最小単位である。筋線維と同様に運動単位にも種類がある。遅筋線維であるST線維を支配するS型、速筋線維で持久的な能力も高いFTa線維を支配するFR型、速筋線維で非常に疲労しやすいFTb線維を支配するFF型の3種類の運動単位である。図 11-13 に示すように、α運動ニューロンから複数の筋線維に接続しており、1つのα運動ニューロンが活動するとその支配下にある筋線維は一斉に活動する。このことから、1つのα運動ニューロンに支配される筋線維数が少ないと小さな筋力発揮に適し、逆に支配される筋線維数が多いと大きな筋力発揮に適している。これを神経支配比と呼び、α運動ニューロンに支配される筋線維数が少なければ神経支配比が小さく、逆に支配される筋線維数が多ければ神経支配

図 11-13　運動単位と神経支配比

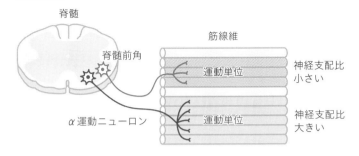

比が大きいという。そしてこれらの構成は骨格筋の機能面とも深くかかわっている。つまり、小さな筋力発揮で巧緻性の要求される運動を行う領域（指先など）は神経支配比が小さく、多くの運動単位で構成され、逆に大きな筋力発揮で巧緻性を要求されない領域（大腿部）では神経支配比が大きく、少ない運動単位で構成される。

　α運動ニューロンの細胞体は、脳からのインパルスに反応して興奮する。あるα運動ニューロンが発火するかどうかはその運動ニューロンの閾値によって決められていて、インパルスの強さが閾値に達する強さかどうかにかかわっており、これを全か無かの法則という。運動単位に対応して筋線維の活動が起こり、運動単位を支配するサイズの小さいα運動ニューロンの発火閾値は低く、サイズの大きいα運動ニューロンの発火閾値は高い。つまり、小さな筋力を発揮する時にはS型の運動単位が動員され、筋力発揮が増大するにつれてFR型、FF型と運動単位のサイズが変わっていく。このように、運動単位の動員はサイズの小さいものから動員されていくため、これをサイズの原理という（**図 11-14**）。また、筋力発揮にともなって運動単位のサイズが大きくなっていくだけでなく、α運動ニューロンの発火頻度も上昇していくことが明らかになっている。筋電図などを用いて、神経筋の活動を記録するとかなり正確に筋力発揮度と筋放電量が比例関係にあることがわかる。**図 11-15**はそれぞれ最大随意収縮に対して 20、40、60％の力で握力発揮をした際の前腕屈筋群と前腕伸筋群の筋電図を示している。

　原則的に、運動単位の動員はサイズの原理にしたがうが、収縮速度の速い運動の場合はFF型やFR型の

図 11-14　サイズの原理

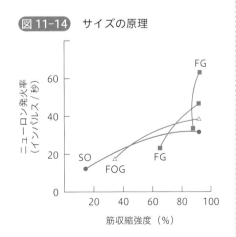

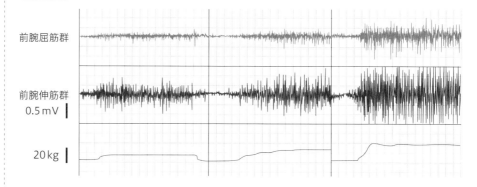

図 11-15 最大随意収縮筋力の 20、40、60% における筋放電量

前腕屈筋群

前腕伸筋群
0.5 mV

20 kg

運動単位が優先的に動員されるという特性も備えている。また、筋電図は同じ筋収縮を続けた場合でも疲労によりその振幅が大きくなることが知られている。これは、疲労により末梢で維持できなくなった筋収縮を中枢的な指令の増大により維持していると考えられる。

2 トレーニングによる筋力増大のメカニズム

トレーニングを行っていくと筋力が向上することがよく知られている。この筋力向上のメカニズムは、神経的な適応と構造的な適応に分けることができる。神経的な適応でみると大きく4つあると考えられている。1つ目は運動単位の動員・同期化である。つまり、これまで眠っていた運動単位群が動作を反復することにより目覚めるというものである。2つ目に発火頻度の増加である。前述したようにサイズの原理にしたがって、サイズの小さい運動単位から発火するだけでなく、筋力を上げていくと同じ運動単位が発火頻度を上げていく。個々の運動単位の発火頻度が上がることにより筋全体の発揮筋力が向上する。3つ目に共収縮の抑制である。たとえば、腕を曲げ伸ばしする際には上腕二頭筋と上腕三頭筋が主に働く。曲げる時には上腕二頭筋が、伸ばす時には上腕三頭筋がそれぞれ主動作筋になる。一方で、曲げる時には上腕三頭筋が、伸ばす時には上腕二頭筋が拮抗筋となる。共収縮とは主動作筋が働く時に拮抗筋もわずかながら働いてしまうことにより運動が阻害されてしまうことをいう。トレーニングの反復により、動きが効率化し共収縮は少なくなっていく。**図 11-16** は相反性神経支配を示しており、上腕二頭筋を収縮させた際には上腕三頭筋は弛緩し、上腕三頭筋を収縮させた際には上腕二頭筋が弛緩していることを示している。4つ目に腱紡錘の機能抑制である。腱紡錘とは腱の張力を感知するセンサーである。筋肉が収縮すると隣接する

図 11-16　運動の効率化にともなう筋電図の筋放電量の変化

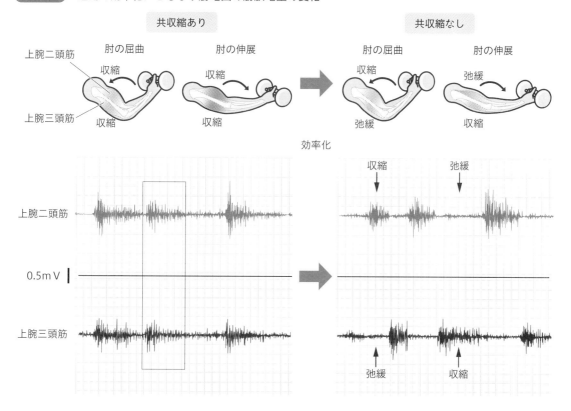

腱は伸張され、怪我を防止するために脊髄へ収縮を抑制するように指令を出す。これを腱反射という。トレーニングによってこの腱紡錘の機能が抑制され、より強い力を発揮できるようになる。

　トレーニングを実施して初期の筋力増強は神経適応の要因が大きく、これが先述の1つ目の筋力増大の要因である。一方、トレーニングをさらに続けていくと筋肥大が起こる。筋肥大の詳細は明らかでないことも多いが、筋の横断面積が筋力と比例関係にあることから、トレーニングで筋線維が損傷し、超回復が起こる過程で筋線維が太くなり、筋肥大が起こっている可能性が高い。興味深いことに、短縮性の筋収縮よりも伸張性の筋収縮のほうが筋の損傷の程度も大きく、筋肥大が起こりやすく、筋力も向上しやすいことがわかっている。このように、私たちの筋力増大には神経系の適応と筋の構造的な適応が関与していることがわかっている（**図 11-17**）。

図 11-17 トレーニングと筋の適応過程

漸進

1〜2か月　2〜3か月

筋力

神経系の適応

筋肥大

時間

筋断面

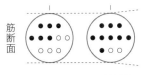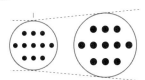

● 収縮している筋線維
○ 収縮していない筋線維

参考文献

丹治順『脳と運動―アクションを実行させる脳』共立出版，1999.

Naito E, Hirose S. Efficient foot motor control by Neymar's brain. *Front Hum Neurosci*. 8:594, 2014.

Zhang D, Ding H, Wang X, Qi C, Luo Y. Enhanced response inhibition in experienced fencers. *Sci Rep*. 5:16282, 2015.

Yamashiro K, Yamazaki Y, Siiya K, Ikarashi K, Baba Y, Otsuru N, Onishi H, Sato D. Modality-specific improvements in sensory processing among baseball players. *Sci Rep*. 11 (1):2248, 2021.

アスリートの脳はどう違う？ ここまでわかってきたスポーツ脳科学
https://www.natureasia.com/ja-jp/jobs/tokushu/detail/76

Yamashiro K, Sato D, Onishi H, Yoshida T, Horiuchi Y, Nakazawa S, Maruyama A. Skill-specific changes in somatosensory-evoked potentials and reaction times in baseball players. *Exp Brain Res*. 225 (2):197-203, 2013.

Di Russo F, Taddei F, Apnile T, Spinelli D. Neural correlates of fast stimulus discrimination and response selection in top-level fencers. *Neurosci Lett*. 408 (2):113-118, 2006.

Bianco V, Di Russo F, Perri RL, Berchicci M. Different proactive and reactive action control in fencers' and boxers' brain. *Neuroscience*. 343:260-268, 2017.

学びの確認

（　　　　　）に入る言葉を考えてみよう。

①高次運動野に（　　　　　）、（　　　　　）、（　　　　　）が含まれ、企画する運動によって働く脳領域が異なる。

②運動には大きく2つの制御方式が存在する。1つが（　　　　　）運動制御である。もう1つが（　　　　　）運動制御である。

③何らかの課題遂行時に、脳の血流変化を調べる（　　　　　）法という機器があり、トップアスリートの脳活動等が明らかになってきている。

④脳活動をミリ秒単位でとらえることができる手法として、（　　　）が存在する。

⑤大脳皮質から直接的に脊髄を介して筋を動かす経路を皮質脊髄路または（　　　）と呼ぶ。

⑥筋紡錘は筋肉の中に埋め込まれたセンサーであり、筋紡錘が引き伸ばされると筋肉は（　　　）し、筋紡錘がゆるむと筋肉は（　　　）する。

⑦トレーニングを実施して初期の筋力増強は（　　　）適応の要因が大きく、これが1つ目の筋力増大の要因である。一方、トレーニングをさらに続けていくと（　　　）が起こる。

加齢と身体変化

なぜこの章を学ぶのですか？

　誰しもが経験する加齢とは、年齢を重ねるにつれ身体活動量や心身機能が低下する年齢変化をいいます。この加齢にともなう心身機能低下の予防には、運動やスポーツといった身体活動が有用であることが多くの研究で明らかになっています。つまり運動やスポーツの加齢に対する効果や可能性を知るために、加齢による心身の形態、機能の変化を学ぶことが大切だからです。

第 12 章の学びのポイントは何ですか？

　加齢によって末梢機能、中枢機能にどんな影響が現れるのか、それはどのようなメカニズムで生じているのかを理解することです。また加齢に対する運動やスポーツの可能性を理解することです。

考えてみよう

① 高齢者で増える転倒事故、なぜ起こる？
　加齢による影響から説明してみよう。

② 加齢によって増える認知機能低下にはどんな症状がある？

1 加齢にともなう末梢組織の変化

　加齢によって呼吸循環系や筋、骨といった末梢組織では機能的・構造的な変化が生じる。多くの組織は成人に至るまで発達するが、その後は、否応なく低下の一途をたどる。特に、高齢期になるほど、身体活動量低下もともない、心身機能の低下はより顕著になることが示唆されている。こうした末梢機能の低下は、慢性閉塞性肺疾患（COPD）やサルコペニアなどさまざまな疾患と関連している。

1 加齢にともなう呼吸循環系の変化

　呼吸器系は、主に胸郭、肺、横隔膜で構成される。その中でも重要な組織として肺が挙げられるが、肺機能も加齢によって低下する。加齢による肺機能低下は、高齢者における心不全、肺炎での換気障害や転帰不良に影響する。肺機能は、1 回換気量や吸気予備量、呼気予備量、残気量、1 秒率（息を吸ったのちに、できるだけ勢いよく吐き出した空気量のうち、最初の 1 秒間で吐き出した量（1 秒量）を全体（努力性肺活量）で割った値）から評価でき、肺は、20 歳台までの間に成長と成熟の段階を経て、女性では 20 歳、男性では 25 歳前後で最大の肺機能を有したのちに、35 歳以降に、肺機能は低下し始める（図 12-1）。

　肺機能にかかわる横隔膜はもっとも重要な呼吸筋であり、吸気時に重要な役割を果たしている。横隔膜の機能は、経横隔膜圧や最大随意換気、最大吸気圧から評価でき、加齢によって経横隔膜圧や最大吸気圧が低下する。最大

図 12-1　加齢と肺機能（1 秒率）の変化予測

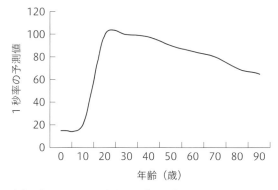

出典　Sharma G, Goodwin J. Effect of aging on respiratory system physiology and immunology. *Clin Interv Aging.* 1（3）:253-260, 2006. をもとに筆者作成

自発呼吸（自身の能力で可能な最大の呼吸）も加齢によって低下し、トレーニングをしている高齢アスリートでも、6 年間で 12％減少する[1]。こうした加齢にともなう横隔膜機能の低下は、呼吸器系への換気負荷の増加中に、高齢者が横隔膜疲労および換気障害を起こしやすくする可能性がある。

　運動に対する呼吸器機能の加齢による影響は多様であり、個人の健康状態と定期的な身体活動量に依存する。有酸素的能力の評価として用いられる最大酸素摂取量（$\dot{V}O_2max$）は、最大心拍出量と最大動静脈酸素較差の積で求めることができる。一般的に男女とも、20 ～ 30 歳の間にピークに達し、25 歳から 10 年あたり 10％、50 歳〜 75 歳の間に 10 年毎に 15％の割合で低下するとされる（図 12-2）[2,3]。健康な高齢者の安静時および運動時の肺機能に対する加齢の長期的影響を検証した結果、6 年間で $\dot{V}O_2max$ が 11％減少することが報告されている[4]。これは、死腔*換気量が増えることによる肺機能の低下だけでなく、最大心拍出量の低下によって生じていることが考えられている。最大心拍出量の低下は、最高心拍数と 1 回拍出量の低下が関連し、最大心拍数は 20 歳台に 180 ～ 200 拍 / 分でピークを迎え、その後加齢とともに 10 年間に 4 ～ 7 拍 / 分の割合で減少する。$\dot{V}O_2max$ を決定するもう 1 つの要因である動静脈酸素較差は、筋が血管から酸素を取り込む能力と酸素利用能力を反映している。加齢にともない、酸化系酵素活性や毛細血管密度が低くなることで、動静脈酸素較差が低下し $\dot{V}O_2max$ 低下に関与することが考えられている。

図 12-2　10 年間または 20 年間持久トレーニングを継続した高齢競技者の最大酸素摂取量

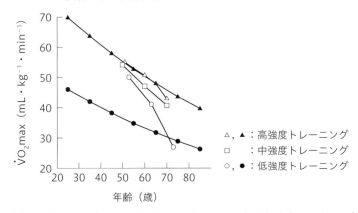

△，▲：高強度トレーニング
□　：中強度トレーニング
○，●：低強度トレーニング

出典　Heath GW, Hagberg JM, Ehsani AA, Holloszy JO. A physiological comparison of young and older endurance athletes. *J Appl Physiol Respir Environ Exerc Physiol*. 51（3）:634-640, 1981. Pollock ML, Mengelkoch LJ, Graves JE, Lowenthal DT, Limacher MC, Foster C, Wilmore JH. Twenty-year follow-up of aerobic power and body composition of older track athletes. *J Appl Physiol*. 82（5）:1508-1516, 1997. をもとに筆者作成

2 加齢にともなう神経・筋の変化

　筋肉量の減少と筋力の大幅な低下(サルコペニア)や再生能力の低下といった筋機能低下は、骨格筋における加齢の特徴といえる。サルコペニアの主な症状には、椅子から立ち上がる能力やバスに乗る能力など機能的能力の低下、転倒の危険性の増加、一人で生活することが難しくなることが挙げられる。これらの変化には通常、ミトコンドリア機能障害やインスリン抵抗性などの筋の代謝障害をともなっている。

　骨格筋量の減少、つまり筋萎縮は生後30年または40年の間に始まり、50歳までに筋の10%程度が失われる可能性がある。その後、生後70〜80年までに、男女ともに下肢の筋の約0.7〜0.8%が年々減少する。高齢者の筋では、同じタイプの筋線維が群を形成して分布するファイバータイプグルーピングも多く観察される。筋線維数は25歳以降から減少し始め、その減少率は高齢者になるほど大きい。

　加齢によって筋萎縮が起こると、筋力の低下も起こり、これらはサルコペニアの症状となる。筋力は、50〜60歳で大幅に低下する。低下率は年間約2〜4%であり、上肢に比べて下肢での影響が大きい。筋力の低下は筋萎縮の割合の約3倍とされ、筋1単位あたりの強度は加齢によって大幅に低下することが示唆される。また、この筋力の低下は、筋萎縮の影響のみならず、中枢神経系の運動指令や運動ニューロン発火率の低下、神経伝達速度や非収縮性脂肪組織の増加が関連している。さらに、加齢によって構造的変化だけでなく、再生能力と衛星細胞機能の低下も起こることが示唆されている。加えて、神経学的および血管の変化や、エネルギー代謝にかかわるインスリン感受性、ミトコンドリア容量の低下によって、筋機能はより低下することが示唆されている。こうした加齢による筋萎縮、筋力の低下は、運動不足によってより促進されるなど加齢の二次的要因になりうることから身体活動の維持、増進がサルコペニア予防に重要である。

3 加齢にともなう骨の変化

　骨も筋同様に、成人期初期にピークまで発育したのちに、50歳台から年齢とともに低下する[5]（▶p.96 図6-4 参照）。特に女性では、閉経期周辺で骨量の減少が加速し、年間約1〜2%の低下が起こるとされている。骨量が骨折危険閾値以下になり、非常にもろくなった状態が骨粗鬆症であり、骨折

や脊椎変形の発生の要因となる。骨の加齢にともなう変化は、遺伝的要因、ホルモン状態、身体活動量、カルシウム摂取量が関係するとされており、特に、ホルモン状態、身体活動量、カルシウム摂取量は、日々の生活習慣が影響することから、加齢時の健康を維持する上で重要である。また、低BMIは低骨密度と骨折への危険因子となることが知られている。痩せているということは肥満を予防できているととらえることができる一方で、過度な低BMIは、骨の成長に必要な物理的負荷を小さくしてしまい、骨量に対してマイナスの影響となる可能性がある。骨密度は物理的負荷と機械的ストレスに応じて増加するため、過度なダイエットや身体不活動は骨の形成のための負荷を減少させてしまい、将来的な骨量低下につながる。

2 加齢にともなう中枢組織の変化

加齢によって増加する疾患の中には、末梢機能のみならず中枢機能にもみられる。その1つが認知機能低下で、日常生活全般に支障が出るほどの認知機能が低下した状態は認知症と呼ばれ、アルツハイマー型認知症、脳梗塞や脳出血による血管性認知症など原因はさまざま存在する。近年、加齢による認知機能低下は特に身体活動量が少ない高齢者において多い可能性が示唆されており、運動やスポーツが認知症予防に有効であることが示唆されている。

1 加齢にともなう脳の変化

ほかの臓器系と同様に、脳の機能も加齢によって徐々に低下する。特に、処理速度、注意、記憶、意思決定、感覚知覚、運動調整機能などの認知能力低下として現れる。これらは、実行機能、作業記憶、エピソード記憶など、さまざまな脳部位に関連した機能で生じ、急速な会話や複雑な文章の理解力が低下する。加齢にともなう脳のパフォーマンス低下は、50歳を超えると顕著に加速するとされ、これは他臓器の加齢の影響と同様である。加齢によって起こる脳に関連した疾患として、アルツハイマー病およびパーキンソン病がもっとも一般的であり、神経変性障害を発症する傾向がますます高まっている。また、加齢は脳卒中を引き起こす要因としても考えられている。ほとんどの先進国において高齢化が進んでおり、こうした疾患をもつ患者が増えることが想定され、私たちが健康寿命を延ばすためには、加齢によって生じる脳の構造的、機能的変化を理解する必要がある。

2 脳構造の変化

　ヒトの脳は、通常の加齢によって萎縮し、灰白質、白質ともに減少することで脳室が拡大する。また、MRI を用いた先行研究では、加齢によって起こる萎縮は、側頭葉と前頭葉で顕著であったことが報告されている。この脳の萎縮は、ニューロンにおける樹状突起の退行とニューロンの死の組み合わせによって生じると考えられている。さらに、生活習慣によっても増減することが考えられ、過剰なエネルギー摂取や肥満は海馬の萎縮を加速させることが示唆されている。逆に、エネルギーの制限は加齢による脳機能低下を遅らせる可能性がある。

3 脳機能の変化

　加齢にともない、認知的な活動を行った際の脳活動のパターンとして、図 12-3 のように HAROLD (hemispheric asymmetry reduction in older adults) と呼ばれる前頭前野の側方性が低下する現象が起こることがある[6]。脳は要求される機能によって部位が異なるとされており、前頭前野においても、左右で機能が異なると考えられている（脳の非対称性）。この脳の非対称性は、脳の機能を正常に働かせるために重要な要素であることが示唆されている。加齢によって片側の神経の能力と効率の低下が起こった際に、それ

図 12-3　課題中の脳活動

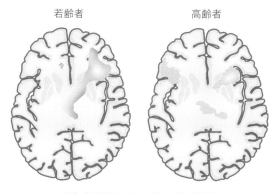

若齢者　　　　　高齢者

認知的活動を行った際の脳活動部

出典　Cabeza R. Hemispheric asymmetry reduction in older adults: the HAROLD model. *Psychol Aging.* 17 (1) :85–100, 2002. をもとに筆者作成

若齢者は右半球のみの活動で課題を遂行していたのに対し、高齢者では両側の活動が見られている。

を補うための別の部位が活動する代償機能と考えられている。たとえば若齢成人の場合、言語的な作業をともなう意味処理、認識記憶の課題では、典型的に左側の前頭部の活性化がみられる。しかし、高齢者は左側だけでなく右側の同領域でも活動が起こっており、これは若齢者にはみられない現象である。同様に、若齢者は空間的ワーキングメモリ、エピソード想起、抑制性制御をともなう課題で右側性に前頭葉の活性化を示すが、高齢者はこれらの課題において右と左の両方の前頭前野を働かせる。この HAROLD は体力レベルが低いと起こり、体力レベルが高い高齢者は、若齢者同様の側方性の脳活動を維持していることが明らかになっている[7]。加齢によって筋の萎縮や呼吸循環機能の低下のみならず、脳機能の低下にもつながることが予想されるため、身体活動を維持、増加させることが健康に重要な要素といえる。

4 脳機能低下とストレス

　高齢者の認知機能低下の潜在的な因子として、ストレス反応の最終産物であるコルチゾールの関与も示唆されている。ストレスを受けた際に、視床下部-下垂体-副腎皮質（HPA 軸）が活性化されることで（ストレス反応）、コルチゾールが分泌される（図 12-4）。アルツハイマー病や軽度認知障害を有する人において、安静時コルチゾール値が高値を示しており、脳機能障害と関連することが示唆されている。コルチゾールは唾液、血液、尿で測定することができ、これらの測定値は、短期的なストレス反応を反映しているといわれており、測定直前の影響（運動や食事、ストレス課題など）を受ける。近年では、過去に分泌されたコルチゾールが毛髪に蓄積され、長期的なストレスレベルの評価指標になりうるとして注目されている（図 12-5）。毛髪コルチゾールは、造血能[8]や認知機能低下と関連し、加齢による心身機能低下の一因として HPA 軸調節不全がかかわっている可能性がある。

図 12-4　ストレス反応によるステロイドホルモン（コルチゾール）の分泌

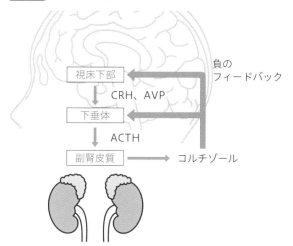

図 12-5　毛髪中に蓄積されるコルチゾール

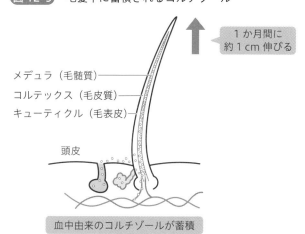

ストレス反応によって分泌されたコルチゾールが血液を介して毛髪中に溜まる。毛髪は 1 か月に約 1 cm 伸びるとされ、頭皮側から 1 cm の毛髪中のコルチゾール濃度を測ることで、過去 1 か月分の長期的なストレスレベルを評価できる。

引用文献

1 ）McClaran SR, Babcock MA, Pegelow DF, Reddan WG, Dempsey JA. Longitudinal effects of aging on lung function at rest and exercise in healthy active fit elderly adults. *J Appl Physiol.* 78 (5) :1957-1968, 1985.

2 ）Heath GW, Hagberg JM, Ehsani AA, Holloszy JO. A physiological comparison of young and older endurance athletes. *J Appl Physiol Respir Environ Exerc Physiol.* 51 (3) :634-640, 1981.

3 ）Pollock ML, Mengelkoch LJ, Graves JE, Lowenthal DT, Limacher MC, Foster C, Wilmore JH. Twenty-year follow-up of aerobic power and body composition of older track athletes. *J Appl Physiol.* 82 (5) :1508-1516, 1997.

4 ）Sharma G, Goodwin J. Effect of aging on respiratory system physiology and immunology. *Clin Interv Aging.* 1 (3) :253-260, 2006.

5 ）Curtis E, Litwic A, Cooper C, Dennison E. Determinants of muscle and bone aging. *J Cell Physiol.* 230 (11) :2618-2625, 2015.

6 ）Hyodo K, Dan I, Kyutoku Y, Suwabe K, Byun K, Ochi G, Kato M, Soya H. The association between aerobic fitness and cognitive function in older men mediated by frontal lateralization. *Neuroimage.* 125:291-300, 2016.

7 ）Cabeza R. Hemispheric asymmetry reduction in older adults: the HAROLD model. *Psychol Aging.* 17 (1) :85-100, 2002.

8 ）越智元太 , 征矢英昭 , 弘山勉 , 岡本正洋 , 諏訪部和也「毛髪コルチゾール濃度測定がオーバートレーニングを予防する生理指標となりうるか」『デサントスポーツ科学』41:295-304, 2020.

学びの確認

（　　　　　）に入る言葉を考えてみよう。

①有酸素的能力の指標であり、加齢によって低下する最大酸素摂取量は、（　　　　　）と（　　　　　）の積で求めることができる。

②加齢にともなう筋力の低下、筋萎縮といった症状を（　　　　　）と呼ぶ。

③骨量の維持には、（　　　　）と（　　　　　）が重要である。

④加齢にともなう脳機能低下に関連するもっとも一般的な疾患として、（　　　　　）病および（　　　　　）病が挙げられる。

理想的な BMI は本当に 22 なの !?
─加齢と体格─

國學院大學／川田裕樹

肥満を判定する際、成人では、［体重（kg）/ 身長（m）^{2}］によって算出する BMI（Body Mass Index）が国際的な指標として用いられています。日本肥満学会では BMI が 25 kg/m^2 以上を肥満と判定するとともに、BMI 22 kg/m^2 を標準体重、すなわち理想的な体格としています。BMI 22 kg/m^2 を標準体重とする理由は、30 ～ 59 歳の日本人を対象とした研究において、BMI が男性で 22.2 kg/m^2、女性で 21.9 kg/m^2 の場合で、心疾患、高血圧、脂質異常症、糖尿病などの「疾患合併率」（がんは含まない）がもっとも低く、BMI の増加にしたがって疾患合併率が増大していたことに由来しています。

一方で、30 ～ 59 歳の日本人を 10 年間追跡して BMI と「総死亡率」との関係を調べた研究報告によると、男性では 23.0 ～ 24.9 kg/m^2 の場合でもっとも死亡率が低いことが報告されています。前者と後者で理想的な BMI が異なる理由としては、前者は疾患合併率の、後者は総死亡率の影響を調べている研究であることが考えられます。

次に、これらの 2 つの研究よりも高い年齢における理想的な BMI を調べている研究をみてみましょう。40 ～ 79 歳の男女の死亡率を 10 年間追跡し、BMI との関係を調査した報告によると、70 ～ 79 歳の男性では 25.5 kg/m^2、女性では 24.1 kg/m^2 で死亡率がもっとも低くなることが報告されており、標準体重である BMI 22 kg/m^2 とは大きな乖離がみられます。このように、高齢者においてやや高い BMI で死亡率が低くなる理由については明らかでない点もありますが、高齢者では低栄養や、それにともなうサルコペニアがむしろ問題となることを示す結果ともいえそうです。

『日本人の食事摂取基準（2020 年度版）』では、総死亡率がもっとも低かった BMI を基準に、前述の研究をはじめ、その他多数の疫学研究における結果を踏まえて、目標とする年齢ごとの BMI の範囲を 表 のように定めています。ただし、総死亡率は BMI 以外のさまざまな要因と関連していることから、体重の増減のみに一喜一憂するのではなく、運動をはじめ、さまざまな生活習慣に気を配ることが望まれます。

参考文献

佐々木敏『佐々木敏の栄養データはこう読む！』女子栄養大学出版部，2015 年.

表　目標とする BMI の範囲（18 歳以上）[1, 2]

年齢（歳）	目標とする BMI（kg/m^2）
18 ～ 49	18.5 ～ 24.9
50 ～ 64	20.0 ～ 24.9
65 ～ 74 [3]	21.5 ～ 24.9
75 以上 [3]	21.5 ～ 24.9

[1] 男女共通。あくまでも参考として使用すべきである。
[2] 観察疫学研究において報告された総死亡率が最も低かった BMI を基に、疾患別の発症率と BMI の関連、死因と BMI との関連、喫煙や疾患の合併による BMI や死亡リスクへの影響、日本人の BMI の実態に配慮し、総合的に判断し目標とする範囲を設定。
[3] 高齢者では、フレイルの予防及び生活習慣病の発症予防の両者に配慮する必要があることも踏まえ、当面目標とする BMI の範囲を 21.5 ～ 24.9 kg/m^2 とした。

出典　厚生労働省「日本人の食事摂取基準（2020 年版）」p.61

なぜこの章を学ぶのですか？

　わが国は超高齢化社会となり、人生100年時代が到来しつつあります。安全で元気に生活し、活躍できる社会の実現に向けて健康寿命（人がよい健康状態のままでいられる期間）の延伸が望まれており、運動が心身に与える影響が注目されているからです。

第13章の学びのポイントは何ですか？

　健康増進のために運動が末梢、中枢の両機能に対してどんな効果があるのかを理解します。また運動によって体力レベルを高く保つ利点を理解し、なぜ運動の習慣化が望まれているのか理解しましょう。

＼　考えてみよう　／

① 高齢者での運動教室、子どもの0時間体育にはどんな効果がある？

② 運動やスポーツの習慣化にはどんな工夫が必要？

1 運動が末梢組織に与える影響

運動が呼吸循環器や筋・骨に対して刺激を与えると、それらの機能を高める。この効果は高齢期でも生じることが示唆されており、健康寿命の延伸に運動やスポーツが有用であることを示している。

1 有酸素能力に対する運動効果

30 歳台を過ぎると、有酸素能力の指標である最大酸素摂取量が徐々に低下するが、習慣的な運動を行う人では、この減少率が緩やかになるといわれている。骨格筋量が少ないと最大酸素摂取量（$\dot{V}O_2max$）が低いことが高齢者、若齢者ともに報告されており（図 13-1）[1]、加齢にともなう有酸素能力の低下には、筋量の減少、体脂肪の増加、呼吸循環器機能の低下が関与していることが考えられる。最大酸素摂取量といった有酸素能力は、高齢期でもトレーニングを行って維持させることが可能であると実証されている。平均年齢 64 歳の高齢者に対して、80% HRmax の強度で 9 ～ 12 か月の持久トレーニングを行わせた研究では、最大心拍出量が増加することで最大酸素摂取量が約 23% 増加しており[2]、これらの値は、若齢者のトレーニング応答と同程度といわれている。したがって、どの年代でも定期的な運動を行うことで、筋量、体脂肪、呼吸循環器機能を維持し、有酸素能力を適応させることができる。

図 13-1　若齢者と高齢者の骨格筋量と最大酸素摂取量（$\dot{V}O_2max$）

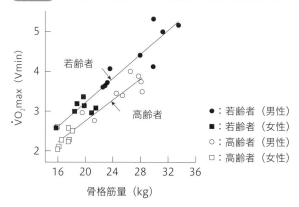

出典　Proctor DN, Joyner MJ. Skeletal muscle mass and the reduction of $\dot{V}O_2max$ in trained older subjects. *J Appl Physiol*. 82 (5):1411-1415, 1997.

2 筋・関節・骨量に対する運動の効果

　定期的な運動は、体内の蛋白質を保持し、筋線維のサイズや筋量、筋質を増加させることから、筋機能の向上に有用であり、加齢による筋機能低下にも効果的である。60歳以上の高齢者において、12週間にわたるレジスタンストレーニングを実施したところ、プログラムを通じて筋力が徐々に増加したことが報告されている（**図13-2**）[3]。特に、加齢にともなって筋量と筋機能低下が生じるサルコペニアは、運動によって予防できることが示唆されている。加齢は筋力のみならず、結合組織（軟骨、靭帯、腱）の硬化、硬直により関節の柔軟性も低下させるが、運動は実施する年代にかかわらず、柔軟性を増加させるなど、運動機能の維持に好効果をもつ。

　骨量は20歳台までは増加し、その後50歳台までは維持される。骨量増加にかかわる因子には、遺伝的要因、ホルモン要因、荷重などが挙げられ、特に荷重などの力学的刺激の影響が骨の成長の40％以上を占めるとされる。骨量増加のための運動として、対象となる部位にあわせ負荷を少しずつ大きくすることが重要である。特に、骨の適応を無視した運動を負荷すると、疲労骨折などの障害を引き起こすことから、運動負荷は適応状態をみながら増加させることが重要である。加齢や閉経によって骨量が低下することで起こる骨粗鬆症の予防には、高齢期の運動だけでなく、成長期の間に骨量のピークをいかに高めるかがポイントといわれており、成長期の運動が重要である。

図13-2 60～72歳男性高齢者に対するレジスタンストレーニングにおける左足膝伸展筋力と屈曲筋力の結果

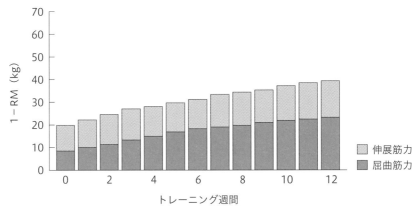

出典　Frontera WR, Meredith CN, O'Reilly KP, Knuttgen HG, Evans WJ. Strength conditioning in older men: skeletal muscle hypertrophy and improved function. *J Appl Physiol*. 64（3）:1038-1044, 1988. をもとに筆者作成

2　運動が中枢組織に与える影響

　運動は末梢機能のみならず脳機能も高め、運動教室による高齢者の認知症予防や、０時間体育といった授業前の軽運動による子どもの集中力向上など、脳機能に着目した健康処方としての運動の価値が見出されている。適切な健康処方のためには、どの運動条件で脳機能が高まるのかを十分に考慮する。

1　脳の構造、機能に対する運動効果

　運動を行う際、運動器系（骨格筋と骨）や呼吸循環器系（心臓、肺、血管など）のみならず、それらの制御中枢となる脳も活性化している。筋収縮を起こす際には、収縮指令（セントラルコマンド）を担う大脳皮質、体性感覚・視覚・聴覚などを司る感覚野、複数の筋の協調や姿勢の維持にかかわる小脳、呼吸・心拍を制御する脳幹、体温・ストレス・エネルギー代謝を調節する視床下部、注意・集中・選択判断・抑制といった実行機能を担う前頭前野、記憶・空間把握を担う海馬など、多くの部位がそれぞれの役割を実行するために相互に連絡しながら活動している。このように、私たちの身体の機能のほとんどを担っている脳は、体重の 2％程度の重量しかないにもかかわらず、安静時の身体全体の約 20％にもおよぶ、多量のエネルギー消費量を有している。脳は運動実行指令を送る原動力であるとともに、運動によって生じる末梢のさまざまな変化が神経や血流を介して脳にフィードバックされることでニューロンを活性化する。興味深いことに、運動時にはエネルギー産生に必要な酸素や糖などを運ぶために重要な血流量は、運動実施に直接関与しない消化器系（胃や腸など）や生殖器系などでは減少する一方で、活動筋では約 25％、脳では約 10％増加している。こうした背景から、多くの先行研究で、運動が脳の構造、機能に与える影響の検証が行われており、脳に着目した健康処方としての運動の価値が示されている。

　先述のように、運動時には脳への血流量が増加していることから、十分なエネルギー源が送られるニューロンは活性化しやすい環境になっているといえる。実際に、10 分間の低・中強度運動、高強度間欠的運動は、前頭前野や海馬の神経活動を高めることで、認知機能を高めていることが報告されている。また、運動習慣や身体活動量がこうした脳機能に関連することが知られている。高頻度の運動習慣や高い身体活動量を有する人は、有酸素性持久力も高く維持される。子どもや高齢者であっても年齢に限らず、有酸素持久

力が高い人ほど認知機能が高いことが報告されており、高い認知機能を維持するために、習慣的な運動が重要であることが示唆されている。また、動物研究において、2週間の低強度運動が記憶機能を担う海馬のニューロンを増加させること、6週間継続することで、海馬の体積を増加させることが示され、ヒト研究においても有酸素運動は海馬の体積を増加させるなど、習慣的な運動は脳機能、構造ともに変化させる。茨城県利根町における高齢者への2年間にわたる低強度の体操は、前頭前野の萎縮を予防し、高い認知機能を維持することが明らかとなっており[4]、定期的な運動が脳の機能・構造に有益であることが示されている。この機能・構造的な変化が、高い認知機能を維持するメカニズムとして考えられているが、近年では、神経伝達物質の関与も明らかになりつつある。

2 メンタルヘルスに対する運動効果

　意欲や動機、快感情に関係する神経伝達物質と考えられているドーパミンは、学習や認知機能に重要な役割を担っているとされている。また、運動による脳機能向上にも関与すると考えられている神経伝達物質の1つである。ドーパミンは黒質から線条体に投射される黒質 – 線条体路（A9）と腹側被蓋野から辺縁系路（側坐核・海馬・扁桃体等）、皮質路（前頭前野）に投射されるA10といった神経系（ドーパミン神経系）を介して作用している（図13-3）。こうしたドーパミン神経系の異常はパーキンソン病や統合失調症患者でみられ、運動調節、認知機能の低下と関連することが示唆されてい

図13-3 ドーパミン神経系

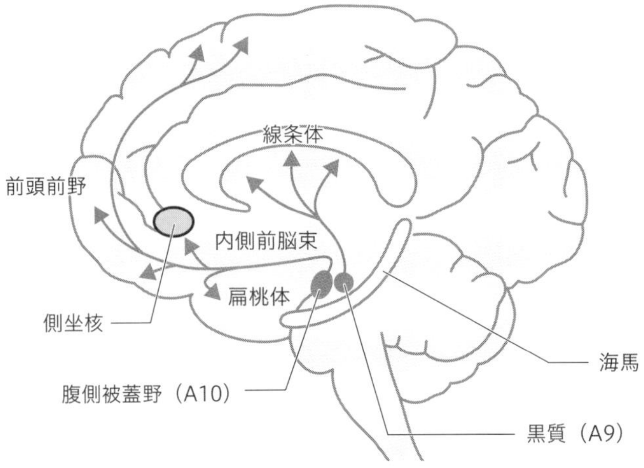

前頭前野
線条体
内側前脳束
側坐核
扁桃体
腹側被蓋野（A10）
海馬
黒質（A9）

る。運動がこれらドーパミン神経系を増強すること、高い有酸素持久力と実行機能の関係にドーパミン神経系が媒介することが報告され、習慣的な運動による認知機能向上、維持にドーパミン神経系の適応が関与していることが考えられる。ドーパミン神経系は、運動・身体活動を行いたいという運動意欲にも作用しており、世界的に広がる身体不活動はドーパミン神経系の機能障害が一因として考えられている。そのため、運動の習慣化には、ドーパミン神経系に着目した運動実施条件が重要といえる。すでにいくつかのエビデンスが明らかになりつつあり、音楽は運動中の快気分を高め、運動意欲、認知機能を高める可能性がある[5]。

3 運動が脳機能・メンタルヘルスに悪影響を与える条件

　一方で、運動を実施する環境によっては、運動による脳機能向上効果は消失する可能性がある。たとえば、高地・低圧環境が挙げられる。このような環境下では、生体内に取り込まれる酸素量が低下することで、動脈血中の酸素分圧が低下する。研究では安静時において、標高 5,000 m 相当を再現する、10％酸素濃度の空気を吸引させると認知機能が低下した。加えて、標高 3,500 m 相当の 13.5％酸素濃度の空気を吸わせながら 10 分間中強度運動を行うと、 図 13-4 のとおり運動前よりも認知機能を低下させることが確認されている[6]。厳しい低酸素環境への暴露や、中程度の低酸素環境下での運動実施は、認知機能を担う前頭前野への酸素供給が制限されることで認知機能低下が起こっている可能性がある。実際に、低酸素環境下での運動中の動脈血中酸素濃度を低下させないようにすると、認知機能低下は改善する[7]。ニューロンは酸素欠乏に非常に脆弱であり、ニューロンの死を防ぐために低酸素環境下では神経活動を低下させている可能性が示唆されている。加えて、低酸素環境への暴露は活性酸素を増加させることが知られており、この活性酸素増加が認知機能低下に関連することが報告されている。

　低酸素環境に加え、高体温を誘発するような暑熱環境でも認知機能が低下する可能性が示唆されている。詳細なメカニズムは明らかにされていないが、高体温に誘発される換気亢進反応（温熱性過換気）がその一因として考えられている。換気が亢進することで二酸化炭素排出量が増加し、動脈血中の二酸化炭素分圧が低下する。血中の二酸化炭素は強力な血管拡張因子であり、二酸化炭素分圧が低下した際には、脳へ血流を供給する脳血管も収縮する。その結果、酸素や糖などのエネルギー源を脳部位へ十分供給することができ

図 13-4 低酸素環境下での運動が認知機能に与える影響

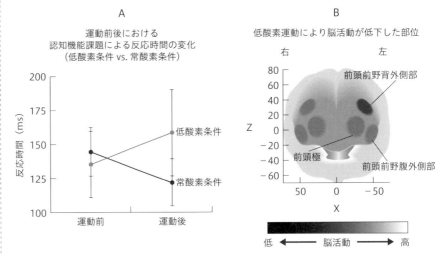

A

運動前後における
認知機能課題による反応時間の変化
(低酸素条件 vs. 常酸素条件)

B

低酸素運動により脳活動が低下した部位

右　　　　左

前頭前野背外側部

前頭極

前頭前野腹外側部

低 ← 脳活動 → 高

出典　Ochi G, Kuwamizu R, Suwabe K, Fukuie T, Hyodo K, Soya H. Cognitive fatigue due to exercise under normobaric hypoxia is related to hypoxemia during exercise. *Scientific Reports*. 12 (1) :9835, 2022. を一部改変

低酸素条件では、運動後に認知機能を評価する認知課題の反応時間が低下していた(A)。その時の前頭前野の脳活動を評価したところ、認知課題中に活動する背外側部の活動が低下していた(B)。

なくなり、神経活動低下に関与している可能性がある。このように、脳機能に着目した健康増進のための運動処方を行う場合は、運動環境に十分考慮しないと逆効果になってしまう可能性があるため注意が必要である。

引用文献

1) Proctor DN, Joyner MJ. Skeletal muscle mass and the reduction of $\dot{V}O_2$max in trained older subjects. *J Appl Physiol*. 82 (5):1411-1415, 1997.

2) Coggan AR, Spina RJ, King DS, Rogers MA, Brown M, Nemeth PM, Holloszy JO. Skeletal muscle adaptations to endurance training in 60- to 70-yr-old men and women. *J Appl Physiol*.72 (5):1780-1786, 1985.

3) Frontera WR, Meredith CN, O'Reilly KP, Knuttgen HG, Evans WJ. Strength conditioning in older men: skeletal muscle hypertrophy and improved function. *J Appl Physiol*. 64 (3):1038-1044, 1988.

4) Tamura M, Nemoto K, Kawaguchi A, Kato M, Arai T, Kakuma T, Mizukami K, Matsuda H, Soya H, Asada T. Long-term mild-intensity exercise regimen preserves prefrontal cortical volume against aging. *Int J Geriatr Psychiatry*. 30 (7):686-694, 2015.

5) Suwabe K, Hyodo K, Fukuie T, Ochi G, Inagaki K, Sakairi Y, Soya H. Positive mood while exercising influences beneficial effects of exercise with music on prefrontal executive function: A Functional NIRS study. *Neuroscience*. 454:61-71, 2021.

6) Ochi G, Kuwamizu R, Suwabe K, Fukuie T, Hyodo K, Soya H. Cognitive fatigue due to exercise under normobaric hypoxia is related to hypoxemia during exercise. *Scientific Reports*. 12 (1):9835, 2022.

7) Ochi G, Yamada Y, Hyodo K, Suwabe K, Fukuie T, Byun K, Dan I, Soya H. Neural basis for reduced executive performance with hypoxic exercise. *Neuroimage*. 171:75-83, 2018.

学びの確認

（　　　　　）に入る言葉を考えてみよう。

①どの年代でも、定期的な（　　　　　）を行うことで、筋量、体脂肪、呼吸循環器機能を維持し、有酸素能力を適応させることができる。

②定期的な運動は、体内の（　　　　　）を保持し、筋線維のサイズや筋量、筋質を増加させる。また、どの年代においても（　　　　）の向上も見込まれる。

③10分間の（　　）強度・（　　）強度運動によって認知機能が向上する。定期的な（　　）強度運動は、脳の萎縮や機能低下の予防に有効である。

④ドーパミン神経系の異常は（　　　　　　）病や（　　　　　　）症患者でみられ、運動調節、認知機能の低下と関連することが示唆されている。

学びの確認（解答）

第1章
①自律、不随意
②筋束
③カルシウム
④遅筋
⑤数
⑥速筋
⑦増加

第2章
①肝臓
②遅い
③遅筋
④多い
⑤増加
⑥無機リン酸
⑦サイズ、数

第3章
①グライセミックインデックス
②質
③超回復
④脂質
⑤筋グリコーゲン
⑥促進、抑制
⑦ヘプシジン

第4章
①基礎代謝量、12、安静仰臥
②身体活動レベル（または PAL）、基礎代謝量
③間接、ヒューマンカロリメータ
④二重標識水（または DLW）、1日のエネルギー消費量の平均値
⑤小さい、小さく
⑥水中体重秤量
⑦二重 X 線吸収（または DXA）、骨密度、骨塩量
⑧体重、身体組成
⑨補食、間食
⑩3、4

第5章
①低下
②筋グリコーゲン
③低下
④アンドロゲン
⑤小さく
⑥増加

第6章
① 99
② 70、30、材質、構造
③紫外線
④摂取、消費
⑤エストロゲン
⑥破骨、骨芽、骨
⑦メカノスタット

第7章
①体循環、肺循環
②抵抗、容量
③自律神経系、心拍数
④機能的交感神経遮断、血流再配分
⑤動脈血圧、総末梢血管抵抗
⑥スポーツ心臓

第8章
①1回換気量、肺気量（肺活量）
②分圧、分圧、拡散
③末梢化学、中枢化学
④酸素摂取量、フィック
⑤酸素借、酸素負債
⑥無酸素性酸素閾値

第9章
①核心温度、恒常性
②蒸発、湿性
③行動性、自律性
④ふるえ熱産生、非ふるえ熱産生
⑤暑さ指数（または WBGT）
⑥脱水、水分補給

第10章
①軸索、樹状突起
②脱分極
③中枢、末梢
④大脳縦裂
⑤皮膚、深部
⑥視床、視床下部
⑦中脳、橋、延髄

第11章
①運動前野、補足運動野、帯状皮質運動野
②フィードフォワード、フィードバック
③機能的磁気共鳴画像
④脳波
⑤錐体路
⑥緊張、弛緩
⑦神経、筋肥大

第12章
①最大心拍出量、最大動静脈酸素較差
②サルコペニア
③身体活動、カルシウム摂取
④アルツハイマー、パーキンソン

第13章
①身体活動
②蛋白質、柔軟性
③低、中、低
④パーキンソン、統合失調

索　引

数字

Ia 線維 ···················· 178
1 回換気量
　　　　 ·········128、129、189
1 回拍出量 ············· 114
Ⅰ 型コラーゲン ··········· 97
1 秒率 ·················· 189
2 成分モデル ············· 67

欧文

α 運動ニューロン ····· 178
α－γ 連関 ·············· 178
γ 運動ニューロン ····· 178
AT ··················· 138
ATP ················14、27
ATPase ················ 14
ATP-PCr 系 ······· 29、32
BIA 法 ················· 69
BMR ··················· 61
Brozek らの式 ········· 67
Cr ···················· 29
DHA ·················· 51
DIT ··················· 61
DLW ·················· 64
DXA 法 ················ 68
EER ··················· 62
EPA ·················· 51
EPOC ················· 137
FF 型 ················· 182
FG 線維 ················ 16
FOG 線維 ·············· 16
FR 型 ················· 182
FT 線維 ·············15、16

FTa 線維 ··········16、18
FTb 線維 ··········16、18
GABA ················ 162
GLUT4 ················ 82
HAROLD ············· 193
HPA 軸 ··········85、194
LEA ················· 100
Lohman の式 ··········· 67
Low Energy
　　Availability ········ 100
LT ··················· 139
METs ················· 62
OBLA ··········138、139
P 波 ············113、114
PAL ··················· 62
PCO$_2$ ················ 130
PCr ················29、39
PO$_2$ ················· 130
Q 波 ············113、114
R 波 ············113、114
REE ··················· 61
RMR ··················· 61
RQ ··················· 136
S 型 ················· 182
S 波 ············113、114
Siri の式 ··············· 67
SO 線維 ················ 16
ST 線維 ···········15、16
T 管 ··················· 13
T 波 ············113、114
train-low ·············· 52
TYPE Ⅰ 線維 ··········· 16
TYPE Ⅱ 線維 ··········· 16
TYPE Ⅱ A 線維 ········· 16
TYPE Ⅱ X 線維 ········· 16
VT ··················· 138
WBGT ················ 151

Weir の式 ·············· 63
Wolff の法則 ········· 103

あ行

アイススラリー ········ 153
アイスバス ············· 153
悪玉架橋 ·················· 97
アクチン ················· 14
アストロサイト
　　　　 ··········· 160、161
アセチルコリン
　　　　 ··········· 162、181
暑さ指数 ··············· 151
アデノシン三リン酸
　　　　 ···········14、27
アドレナリン ············ 86
アミノ酸 ············80、81
アミノ酸スコア ········· 53
アルキメデスの原理···· 68
安静時エネルギー消費量
　　　　 ·················· 61
安静時代謝量············· 61
アンドロゲン·······89、90
インスリン ·············· 81
インピーダンス ········· 69
右心室··············111、113
右心房··············111、113
運動神経 ···· 11、162、163
運動前野 ·············· 173
運動単位 ········182、183
運動誘発性筋けいれん
　　　　 ·················· 152
運動誘発性低血糖······· 74
エイコサペンタエン酸
　　　　 ·················· 51
栄養··················· 45

栄養素……………………45
エクリン腺……………148
エストラジオール……90
エストロゲン
　　　　……89、90、104
エネルギー代謝………23
エリスロポエチン……107
遠心性コピー…………174
延髄……………132、167
横隔膜…………………128
黄体ホルモン……89、90
横突起…………168、169
横紋筋…………………11
オリゴデンドロサイト
　　　　……160、161

か行

外殻温度………………143
外呼吸…………………130
外側溝…………………165
外弾性膜………………115
解糖系……………30、32
灰白質…………164、169
外分泌…………………79
外膜……………115、116
海綿骨…………………94
外肋間筋………………128
架橋……………………97
核………………………12
核心温度………………143
拡張期…………………114
拡張期血圧……………116
拡張終期容量…………114
下垂体……………81、195
加速度計法……………65
下大静脈………………111

褐色脂肪細胞…………146
活性酸素………………57
活動電位…………13、161
カップリング…………102
カテコールアミン……86
過分極…………………161
カリウム………………56
カルシウム……13、56、98
カルシウムイオン……14
感覚神経………162、163
換気……………………128
換気閾値………………138
含気骨…………………93
換気量…………………128
肝グリコーゲン………25
肝細胞…………………24
乾性熱放散……………145
関節軟骨………………94
間接法…………………63
肝臓……………………81
間脳……………………167
寒冷環境………………143
気化……………………145
気管……………………127
気管支…………………127
基礎代謝量……………61
拮抗支配………………163
希突起膠細胞……160、161
機能的交感神経遮断
　　　　………………122
キャリパー……………69
吸気……………………127
吸気予備量……………189
吸息……………………127
橋………………………167
胸腔……………………128
共収縮…………………184

胸髄……………168、169
胸腺……………………81
胸椎……………………169
棘突起…………168、169
筋衛星細胞………12、19
筋外膜…………………12
筋グリコーゲン………25
筋グリコーゲンの節約効果
　　　　……………41、47
筋グリコーゲンの超回復
　　　　………………49
筋形質…………………12
筋原線維………12、13、14
筋細胞膜…………12、13
筋周膜…………………12
筋鞘……………………12
筋小胞体………13、14、39
筋線維…………12、13、15
筋束……………………12
筋内膜…………………12
筋肉……………………11
筋肥大…………………185
筋疲労…………………39
筋紡錘…………………178
空気置換法……………68
屈曲反射………180、181
グライセミックインデッ
　クス……………46、47
グリア細胞……159、161
グリコーゲン
　　　　……24、33、81
グリコーゲンローディン
　グ法……………49、50
グリセロール……26、50
グルコース
　　　……25、33、46、81
グルタミン酸…………162

くる病‥‥‥‥‥‥‥‥‥98
クレアチンリン酸
　‥‥‥‥‥‥‥‥‥28、29
形質膜‥‥‥‥‥‥‥‥‥12
頸髄‥‥‥‥‥‥‥168、169
頸椎‥‥‥‥‥‥‥‥‥169
頸動脈‥‥‥‥‥‥‥‥132
頸動脈小体‥‥‥‥‥‥132
血圧‥‥‥‥‥‥‥11、116
血管‥‥‥‥‥‥111、115
血管壁‥‥‥‥‥‥‥‥115
結合組織‥‥‥‥‥‥‥115
血糖‥‥‥‥‥‥‥25、81
血糖値‥‥‥‥‥‥‥‥81
血流‥‥‥‥‥‥‥‥‥11
血流再配分‥‥‥‥‥‥118
腱‥‥‥‥‥‥‥‥‥‥12
肩甲骨下部‥‥‥‥‥‥69
高エネルギーリン酸化合物
　‥‥‥‥‥‥‥‥‥‥27
後角‥‥‥‥‥‥‥168、169
交換血管‥‥‥‥‥‥‥116
交感神経
　‥‥‥86、114、162、163
交感神経‐副腎髄質軸
　‥‥‥‥‥‥‥‥‥‥85
高強度インターバルトレー
　ニング‥‥‥‥‥‥‥139
後根‥‥‥‥‥‥‥168、169
交叉性伸展反射
　‥‥‥‥‥‥‥180、181
高次運動野‥‥‥‥‥‥173
恒常性‥‥‥‥‥‥95、143
甲状腺‥‥‥‥‥‥‥‥81
甲状腺ホルモン‥‥‥‥80
高代謝回転型‥‥‥‥‥103
行動性体温調節‥‥‥‥146

行動性体温調節反応
　‥‥‥‥‥‥‥‥‥145
後頭葉‥‥‥‥‥‥‥‥165
呼気‥‥‥‥‥‥‥‥‥127
呼気ガス分析器‥‥‥‥136
呼吸‥‥‥‥‥‥‥‥‥127
呼吸曲線‥‥‥‥‥‥‥129
呼吸循環系‥‥‥‥‥‥189
呼吸商‥‥‥‥‥‥‥‥136
呼吸数‥‥‥‥‥‥‥‥128
呼気予備量‥‥‥‥‥‥189
黒質‥‥‥‥‥‥‥‥‥202
呼息‥‥‥‥‥‥‥‥‥127
骨格筋‥‥‥‥‥11、12、81
骨格筋細胞‥‥‥‥‥‥24
骨芽細胞‥‥‥‥‥‥‥101
骨基質‥‥‥‥‥‥‥‥94
骨吸収‥‥‥‥‥‥‥‥102
骨形成‥‥‥‥‥‥‥‥102
骨細胞‥‥‥‥‥‥‥‥101
骨質‥‥‥‥‥‥‥‥96、97
骨髄‥‥‥‥‥‥‥‥‥94
骨折‥‥‥‥‥‥‥‥‥99
骨粗鬆症‥‥‥‥‥56、100
骨端軟骨‥‥‥‥‥‥‥94
骨軟化症‥‥‥‥‥‥‥98
骨膜‥‥‥‥‥‥‥‥‥94
骨密度‥‥‥‥‥‥‥‥96
骨梁数‥‥‥‥‥‥‥‥97
骨梁幅‥‥‥‥‥‥‥‥97
固有心筋‥‥‥‥‥‥‥112
コルチゾール
　‥‥‥‥‥‥86、194、195
コレステロール‥‥‥‥80

さ行
細気管支‥‥‥‥‥‥‥127
最高血圧‥‥‥‥‥‥‥116
最高心拍数‥‥‥‥‥‥119
細静脈‥‥‥‥‥‥‥‥115
サイズの原理‥‥‥‥‥183
最大酸素摂取量
　‥‥‥‥‥134、190、199
最低血圧‥‥‥‥‥‥‥116
細胞体‥‥‥‥‥‥‥‥159
左心室‥‥‥‥‥‥111、113
左心房‥‥‥‥‥‥111、113
サルコペニア‥‥‥90、191
残気量‥‥‥‥‥‥129、189
三尖弁‥‥‥‥‥‥112、113
酸素解離曲線‥‥‥‥‥131
酸素借‥‥‥‥‥‥‥‥137
酸素摂取量‥‥‥133、134
酸素負債‥‥‥‥‥‥‥137
酸素分圧‥‥‥‥‥‥‥130
酸素飽和度‥‥‥‥‥‥130
産熱量‥‥‥‥‥‥‥‥144
紫外線‥‥‥‥‥‥‥‥98
持久運動‥‥‥‥‥‥‥37
軸索‥‥‥‥‥‥‥159、161
刺激伝導系‥‥‥‥‥‥113
脂質‥‥‥‥28、37、45、50
視床‥‥‥‥‥‥‥‥‥167
視床下部
　‥‥‥81、145、167、195
視床皮質路‥‥‥‥‥‥167
視床放線‥‥‥‥‥‥‥167
湿性熱放散‥‥‥‥‥‥145
シナプス‥‥‥‥161、162
シナプス間隙‥‥‥‥‥162

シナプス後細胞 ……… 162
シナプス小胞 ……… 162
シナプス前細胞 ……… 162
脂肪 ……… 136
脂肪細胞 ……… 81
脂肪酸 ……… 50、51
脂肪組織 ……… 67
収縮期 ……… 114
収縮期血圧 ……… 116
収縮終期容量 ……… 114
種子骨 ……… 93
樹状突起 ……… 159、161
受容体 ……… 79、89、162
松果体 ……… 81
小膠細胞 ……… 160、161
小循環 ……… 112
脂溶性ビタミン ……… 55
上大静脈 ……… 111
小腸 ……… 95
小脳 ……… 166、167
蒸発 ……… 144、145
消費エネルギー ……… 61
静脈 ……112、115、116
静脈還流量 ……… 115
静脈弁 ……… 115
上腕骨近位端骨折 …… 99
上腕背部 ……… 69
食事誘発性体熱産生 …… 61
除脂肪組織 ……… 67
女性アスリートの三主徴
　……… 101
暑熱環境 ……… 143
暑熱順化トレーニング
　……… 155
徐脈 ……… 114
自律神経 …… 11、162、163
自律神経系 ……… 114

自律性体温調節反応
　……… 145
シルビウス裂 ……… 165
心筋 ……… 11、112
神経筋接合部
　……178、181、182
神経系 ……… 163
神経膠細胞 ……… 159
神経細胞 ……… 159
神経支配比 …… 182、183
神経伝達物質 ……… 162
心室 ……… 112
心周期 ……… 113
心臓 ……… 111
心臓交感神経 ……… 119
心臓循環系 ……… 111
心臓副交感神経 ……… 119
身体活動によるエネルギー
　消費量 ……… 61
身体活動レベル ……… 62
身体組成 ……… 67
伸張反射 ……… 179
心電図 ……… 113
心拍出量 ……… 118
心拍数 ……114、120、121
心拍数法 ……… 65
心房 ……… 112
随意筋 ……… 11
髄鞘 ……… 159、161
膵臓 ……… 81
膵臓のβ細胞 ……… 81
錐体外路 ……… 177
錐体外路性運動系 ……168
錐体路 ……… 177、178
水中体重秤量法 ……… 68
推定エネルギー必要量
　……… 62

水溶性ビタミン ……… 55
スターリングの心臓の法則
　……… 115
ステロイドホルモン …… 80
ストレスホルモン ……… 85
スパイログラム ……… 129
スポーツ心臓 ……… 122
星状細胞 ……… 160、161
精巣 ……… 81、89
生体電気インピーダンス法
　……… 69
成長板 ……… 94
性ホルモン ……… 89
脊髄
　……163、167、168、169
脊髄円錐 ……… 169
脊髄神経 ……… 169
脊椎 ……… 168、169
脊椎圧迫骨折 ……… 100
石灰化 ……… 97
赤筋 ……… 16
前角 ……132、168、169
全か無かの法則 ……… 183
仙骨 ……… 169
前根 ……… 168、169
線条体 ……… 202
全身クライオセラピー
　……… 153
仙髄 ……… 168、169
善玉架橋 ……… 97
蠕動運動 ……… 11
前頭前野 ……… 202
前頭葉 ……… 165
全肺気量 ……… 129
全力運動 ……… 38
僧帽弁 ……… 112、113
側坐核 ……… 202

側頭葉……………………165
速筋線維………15、16、35

た行

体温調節……………………143
代謝……………………………23
体重……………………………66
体循環……………111、112
大循環……………………112
帯状皮質運動野………173
体性神経………162、163
大腿骨頸部骨折………99
大動脈……112、116、132
大動脈小体……………132
大動脈弁………112、113
第二次性徴……………89
大脳……………………164
大脳縦裂………………164
大脳の機能局在………165
体部位再現……………165
体密度法………………67
対流……………144、145
ダグラスバッグ………64
脱水……………………153
脱水症…………………153
脱分極………161、182
短骨……………………93
単シナプス反射………180
弾性組織………………116
蛋白質……………45、52
遅筋線維……15、16、35
蓄熱量…………………144
中心循環………………117
中枢化学受容器………132
中枢神経………………162
中枢神経系……………163

中性脂肪
……24、26、50、81、83
中脳……………………167
中膜……………115、116
長管骨…………………93
跳躍伝導………………160
陳述記憶………………166
椎間関節………………169
椎間板………168、169
椎間板ヘルニア………168
椎孔……………………169
椎骨………168、169
椎体……………………169
抵抗血管………………116
低体温症………………154
低代謝回転型…………103
テストステロン………89
鉄………………………56
鉄欠乏性貧血症………57
手続き記憶……………166
電子伝達系……………30
電磁波…………………145
伝導……………144、145
デンプン………………46
導管……………………79
橈骨遠位端骨折………99
糖質
……28、37、45、46、136
動静脈酸素較差
……………………134、190
糖新生…………………86
頭頂葉…………………165
動的平衡………………23
洞房結節………113、114
動脈……112、115、116
動脈血圧………116、117
ドーパミン………162、202

ドーパミン神経系……202
特殊心筋………………112
ドコサヘキサエン酸……51

な行

内呼吸…………………130
内側前脳束……………202
内弾性膜………………115
内皮細胞………115、116
内分泌…………………79
内分泌腺………80、81
内膜……………115、116
ナトリウム……………56
二酸化炭素分圧………130
二重 X 線吸収法………68
二重標識水………64、65
二重標識水法……64、65
乳酸……………34、35
乳酸閾値………138、139
乳酸性作業閾値………87
ニューロン………159、161
熱中症…………………152
脳………………………163
脳回……………………164
脳幹……………………167
脳溝……………………164
脳梁……………………164
ノルアドレナリン……86

は行

肺活量…………………129
肺換気量………………128
肺気量…………………129
肺循環………111、112
肺静脈…………………111

肺動脈················· 111、112
肺動脈弁 ·········· 112、113
肺胞 ··························· 127
ハヴァース管············ 93
白質 ··············· 164、169
破骨細胞 ··············· 101
発火 ························· 161
白筋 ··························· 16
馬尾神経 ··············· 169
反射 ························· 179
尾骨 ························· 169
皮脂厚 ······················ 69
皮脂厚計 ··················· 69
皮質骨 ······················ 94
皮質骨幅 ··················· 97
皮質脊髄路 ············· 177
尾髄 ··············· 168、169
ヒス束········· 113、114
非ステロイドホルモン
··························· 80
ビタミン ·········45、55
ビタミンD················ 98
必須アミノ酸············ 52
必須脂肪酸··············· 51
非必須アミノ酸 ········· 52
腓腹筋 ······················ 15
非ふるえ熱産生 ······· 146
ヒューマンカロリメータ
···················64、136
ヒラメ筋 ··················· 15
ピルビン酸·····30、34、35
疲労 ·························· 38
疲労骨折 ················· 100
貧血症··················· 56
頻脈 ······················· 114
ファイバータイプグルー
ピング ··············· 191

ファットアダプテーション
·····················51、52
フィードバック運動制御
··························· 174
フィードバック調節機構
··························· 145
フィードフォワード運動
制御··················· 174
フィードフォワード調節
機構 ··················· 145
フィックの式············ 134
フォルクマン管 ········· 93
不規則骨 ··················· 93
副交感神経 ····· 114、163
副甲状腺 ··················· 81
輻射 ············· 144、145
副腎 ························· 81
副腎皮質 ······· 89、195
腹側被蓋野 ············· 202
不随意筋 ··················· 11
不飽和脂肪酸············ 51
ふるえ熱産生 ········· 146
プルキンエ線維
··················· 113、114
プロゲステロン ········· 90
分時換気量 ············· 128
平滑筋······· 11、115、116
平均血圧 ················· 116
閉経 ························· 100
閉経後骨粗鬆症 ········ 100
ヘプシジン ··············· 57
ヘモグロビン············ 130
扁桃体····················· 202
扁平骨····················· 93
ボイルの法則······68、128
房室結節 ······· 113、114
放熱量····················· 144

飽和脂肪酸················ 51
補食 ························· 72
補足運動野 ············· 173
骨 ········12、81、89、191
ホメオスタシス
··················· 79、143
ホルモン ·················· 79

ま行

末梢化学受容器 ········ 132
末梢循環 ················· 118
末梢神経 ················· 162
末梢神経系 ············· 163
ミエリン鞘 ······ 160、161
ミオシン ··················· 14
ミオシンヘッド ········· 14
ミクログリア ···· 160、161
ミトコンドリア ····16、42
ミネラル ···········45、55
ミラーニューロン ····· 175
無機リン酸 ··············· 39
無月経····················· 100
無効発汗 ················· 148
無酸素運動 ··············· 32
無酸素性作業閾値 ····· 138
無髄線維 ················· 160
メカノスタット理論
··························· 102
メカノセンシング ····· 102
メカノトランスダクション
··························· 103
毛細血管 ········ 115、116
モデリング··············· 102

や行

有効発汗 …………………… 148

有酸素運動 ………………… 32

有酸素系 …………… 30、36

有髄線維 …………………… 160

遊離脂肪酸 ………………… 26

要因加算法 ………………… 62

腰髄 …………… 168、169

腰椎 …………………… 169

容量血管 …………………… 116

予備心拍数 ………………… 120

ら行

卵巣 …………………81、89

ランビエの絞輪 ……… 160

卵胞ホルモン …………… 89

リノール酸 ……………… 51

リモデリング………… 102

利用可能エネルギー不足

　………………… 100

リン …………………… 56

リン酸 ………………… 27

労作性熱射病………… 152

老人性骨粗鬆症 ……… 100

肋骨 ………………… 128

運動生理学

2023 年 2 月 15 日　初版第 1 刷発行

編 著 者	越中敬一	
発 行 者	竹鼻均之	
発 行 所	株式会社みらい	

〒500-8137　岐阜市東興町40 第 5 澤田ビル

TEL 058-247-1227（代）

FAX 058-247-1218

https://www.mirai-inc.jp

装丁・本文デザイン	小久保しずか
イラスト	MiMi
印刷・製本	株式会社　太洋社

ISBN978-4-86015-589-6　C3075　Printed in Japan